Marie Sloup · Nach der Flucht

Nichts in dieser Chronik ist frei erfunden. Nur die Namen wurden geändert, wie es üblich ist. Was in dieser Dokumentation für den Leser unterhaltsam sein mag, war und ist meist schmerzvoll für den Geflüchteten, um den es hier geht. Komisches wurde nicht ausgespart, denn es sollte das ganze Leben gezeigt werden, wenn auch nur in Fragmenten. Der junge Afghane, von dem hier berichtet wird, ist kein Vorbild, dessen außergewöhnliche Fähigkeiten und Zielstrebigkeit Bewunderung verdienen. Die Sympathie sollte ihm der Leser aber nicht versagen.

Die Autorin hat in Deutschland, Schottland und Ecuador an höheren Schulen unterrichtet und hat 2017 hier begonnen, Geflüchteten beim Erlernen der deutschen Sprache zu helfen. Dabei blieb es nicht, was die Aufzeichnungen »Nach der Flucht« belegen, in denen sie Fragmente aus dem Leben eines afghanischen Flüchtlings eindrucksvoll und kontrastreich zusammensetzt.

Marie Sloup

# Nach der Flucht

Chronik einer drohenden Abschiebung

Juni 2020
Buch&media GmbH München

Layout, Satz & Umschlaggestaltung: Franziska Gumpp
Grafik Umschlagvorderseite: Octavio Salgado
Gesetzt aus der Minion Pro und der Roboto
Printed in Europe
ISBN print 978-3-95780-196-8
ISBN PDF 978-3-95780-197-5
ISBN epub 978-3-95780-198-2

Buch&media GmbH
Merianstraße 24 · 80637 München
Fon 089 13 92 90 46 · Fax 089 13 92 90 65

Weitere Publikationen aus unserem Programm finden Sie
auf www.buchmedia-publishing.de
Kontakt und Bestellungen unter info@buchmedia.de

# Inhalt

## Der Anfang

Das Buch beginnt, wenig überraschend, mit »hallo, bitte, danke, auf Wiedersehen« und ist auf Seite 35 bei »Straße, Kreuzung, rechts, links, geradeaus« angelangt. Aber schon auf Seite 36 verzeichnet es die Vokabeln »Asylantrag, Asylbewerber, Duldung, befristete Erlaubnis, Asylverfahren, Abschiebung« und »Bundesamt für Migration und Flüchtlinge«, besser bekannt unter dem Akronym BAMF. Es ist ein Sprachlehrbuch für Asylbewerber.

Für Hamid konnte ich dieses Buch nicht gebrauchen. Er musste sich in Büchern zurechtfinden, deren Niveau deutlich darüber lag, in einem Sprachkurs, dessen Tempo zu hoch für ihn war. Da ich mir gerade eine ehrenamtliche Tätigkeit aussuchte, wurde mir vorgeschlagen, diesem jungen Afghanen beim Deutschlernen zu helfen. Ich ließ mir Zeit, bevor ich mit dem Unterricht begann, und erfuhr, dass ich sehnlich erwartet wurde. Immer wieder hatte Hamid angeblich bei der Sozialberatung gefragt, wann denn endlich seine Lehrerin komme.

## *Der Unterricht und sein Nebeneffekt*

Ich wusste nichts über seine Anhörung, den negativen Bescheid und die sonstige Vorgeschichte von Hamid, als ich den Unterricht begann. Ich habe ihn, da ich diskret bin, auch nicht ausgefragt, sondern mich nur auf die von mir erwartete Tätigkeit, das Lehren der deutschen Sprache, beschränkt. Das Interessanteste war aber für mich, was unversehens an Informationen über ein fernes Land, einen bewegten Lebenslauf und das Dasein als Flüchtling in den Unterricht hineinschlich.

Hamid ist charmant, groß, unwahrscheinlich dünn, hat leicht mongolische Gesichtszüge und trägt saubere, modische Kleidung, meist aus dem Iran mitgebracht. Sein Alter wird mit 21 angegeben; Geburtsjahr und -tag beruhen auf Schätzungen oder für einen Ausweis geforderten Festlegungen. Natürlich wurde die Mutter befragt, wann er geboren sei. Einmal sagte sie, es sei im Herbst gewesen, ein anderes Mal glaubte sie, dass es im April war. Das Geburtsdatum von Hamid ist jetzt der 9. April 1996.

Der Unterricht fand in der GU statt, was Gemeinschaftsunterkunft bedeutet. Andere dieser Unterkünfte sollen abstoßend sein, was man von dieser nicht behaupten kann. Ich war erstaunt über die freundliche Innenausstattung und die Helligkeit der Räume. Dass die meisten Bewohner, selbst der mit dem von Brandwunden entstellten Gesicht, freundlich blickten, liegt wohl an der Atmosphäre des Hauses und am dort arbeitenden Personal.

Die große Schwierigkeit lag für mich darin, dass Hamid und ich keine gemeinsame Sprache hatten. Mein Deutsch verstand er nur zu geringem Teil, und seine Muttersprache, Dari, verstand ich überhaupt nicht. Außer Dari, das eine in Teilen Afghanistans gesprochene Variante des Persischen ist, hatte Hamid keine Sprache gelernt. In Anbetracht dessen hatte er schon Erstaunliches geleistet. Er musste ein neues Alphabet lernen, sich daran gewöhnen, nicht mehr von rechts nach links zu schreiben, musste zugleich mit dem Erlernen erster Wörter in einer deutschsprechenden Umwelt auf ganze Sätze reagieren. Mit seinem Zimmergenossen, der nur arabisch sprach, konnte er sich auch nicht verständigen. Daneben gab es noch eine Reihe anderer Sprachen unter den Bewohnern des Heims.

## *Sehnsüchte und rätselhafte Striche auf den Armen*

Über dem Tisch, an dem wir Deutsch übten, hing eine Landkarte der gesamten Erde, wo Hamid viele Sehnsuchtsländer betrachten konnte, in die er nicht einreisen, geschweige denn zuwandern durfte. Uns Deutschen, die fast überall willkommen sind, ist das Privileg der Reisefreiheit selten bewusst.

Für Hamid hat sich im Dezember 2015, zusammen mit einem Strom von Flüchtlingen, ein Tor nach Deutschland geöffnet, das sich aber jederzeit als trügerisch erweisen kann, wenn die Abschiebung endgültig angeordnet wird.

Obwohl Hamid schon mehr als 15 Monate in Deutschland war, hatte er, als ich ihn traf, noch kaum Deutschunterricht gehabt, weil er lange Zeit in einer Klinik zubrachte. Ich habe nicht nach seiner Krankheit gefragt. Dann kamen heiße Tage im Sommer, und kurzärmelige Hemden oder T-Shirts ließen seltsame Muster auf seinen Armen erkennen. Es waren keine Tattoos, sondern bei den Strichen, die auf beiden Armen eingezeichnet waren, handelte es sich um Narben. Ich entschloss mich doch zu fragen und begriff nach und nach, dass er nicht von anderen gefoltert worden war, sondern sich selbst die Verletzungen zugefügt hatte. Er wollte sich sogar töten und wurde mehrmals nach einem Selbstmordversuch in die psychiatrische Klinik in H. eingeliefert. Hamid hat eine schwere depressive Störung, was ich nie vermutet hätte, und befindet sich wegen einer posttraumatischen Belastungsstörung immer noch in ambulanter psychotherapeutischer und psychiatrischer Behandlung. Letztere Details habe ich einem ärztlichen Attest entnommen, das ich einmal an den Anwalt weitergeben musste. Einen Anwalt nehmen sich die meisten abgelehnten Asylbewerber, um gegen den negativen Bescheid Einspruch zu erheben. Das kostet natürlich einiges, mehr als mancher Asylbewerber aufbringen kann. Hamid brachte dem Anwalt jeden Monat eine Rate. Ob es etwas nützt, sieht auch der Anwalt skeptisch; er informierte Hamid, dass derzeit fast alle Afghanen auch bei der zweiten Anhörung abgelehnt werden, was dann endgültig ist. Für Hamid bedeutete schon der erste negative Bescheid die Ankündigung einer jederzeit möglichen Abschiebung. Immer wieder brach die Angst in ihm hervor.

Nach dem Gespräch beim Anwalt konnte Hamid wieder vor Angst nicht schlafen. Auch vorher war er oft die halbe Nacht oder länger wach und wurde von Bildern aus seiner Vergangenheit, die ihn nicht losließen, verfolgt. Davon merkt man Hamid bei Tage nichts an. Er lacht gerne, ist dankbar für vieles, aber hat natürlich noch viel mehr unerfüllte Wünsche. WLAN ist sein Herzenswunsch – er bildet sich ein, dass es im Heim verfügbar sein sollte, und bittet immer wieder erfolglos darum. Alle Flüchtlinge haben ein Handy, mit dem sie, verständlicherweise, zu Hause anrufen wollen, aber oft auch Überflüssiges auf Facebook und YouTube anklicken. Ich konnte Hamid nie davon überzeugen, dass er kein WLAN braucht. Später wurde, von mir zunächst unbemerkt, der Wunsch von Hamid doch noch erfüllt; auf einmal gab es WLAN im Heim.

## *Ein geheimes Curriculum?*

In meiner Schulzeit hat man nur mit einem Buch gelernt; also legte ich auch Hamid seine Deutschbücher ans Herz. Was ich darin fand, gefiel mir allerdings nicht immer. Ich meine nicht das Fehlen systematischer Grammatikdarstellungen; inzwischen habe ich eingesehen, dass man auf vielen Wegen eine Sprache lernen kann. Aber der Inhalt befremdete mich manchmal, gelinde gesagt. In der Lektion, bei der Hamid gerade angekommen war, ging es um den Stoff »Anweisungen geben« und um das Modalverb »sollen«. In einem Text handelte es sich um eine Frau, die per Telefon Befehle von ihrem Sohn empfängt, der seinen Besuch ankündigt. Von der Mutter wird erwartet, dass sie das Lieblingsgericht des Sohnes kocht, einen Kuchen bäckt, fünf Flaschen Multivitaminsaft kauft und dazu noch einer Freundin des Sohnes Bescheid sagt und sie einlädt. Was sie anschließend ihrem Mann über das Telefongespräch erzählt, sind Sätze, die mit »ich soll« beginnen und von den Schülern zu ergänzen sind. Es ist klar, dass die Satzstellung bei Modalverben eingeübt werden soll, aber eine geheime Lehre könnte damit auch verbunden sein. Vielleicht lernen die Flüchtlinge auch etwas über den Umgang mit der Mutter, der in Deutschland üblich ist. Sie sollen sich ja integrieren und sich so verhalten, wie es der deutschen Leitkultur entspricht. Dem Verlag muss ich allerdings zugutehalten, dass unter dem Text ein Bild zu sehen ist, auf dem der Mann skeptisch blickt, als seine Frau ihm über die erhaltenen Aufträge berichtet. Es wäre natürlich zu wünschen, dass sich in der Klasse eine Diskussion anschließt und viele Flüchtlinge den jungen Mann kritisch sehen.

Ein zweites Beispiel für unverschämtes Verhalten Jugendlicher findet sich in einer späteren Lektion, im nächsten Band, der in dem Deutschkurs schnell folgte. Es geht um den Stoff »private Einladungen«. Nach dem Abendessen bei einem Freund schreibt eine junge Dame, die geladen war, ihrer Freundin in einer E-Mail, dass der Gastgeber schlecht gekocht hat, der Wein nicht geschmeckt hat, die Gäste, vor allem ihr Tischnachbar, langweilig waren, und sie später mit anderen Freunden noch in eine Bar ging, wo sie sich bis um zwei Uhr bestens amüsierten. Das Wort »Bar« fällt zwar nicht, aber sie ist deutlich auf einem zugehörigen Bild zu sehen. Natürlich hätte es auch anders verlaufen können, wenn die Geladene während des Essens selbst zu einer besseren Stimmung beigetragen hätte. Hoffentlich sehen die ausländischen Jugendlichen die gezeigte Anspruchshaltung nicht als nachahmenswert an; zudem sollten sie ihr knappes Geld nicht in Bars bis zwei Uhr nachts verschwenden, um ebenso cool zu sein wie die Deutschen. Wie soll ich Hamid mit seinen begrenzten Sprachkenntnissen das alles erklären? Wie werden die anderen im Deutschkurs es verstehen? Ich bin dafür, möglichst schnell weiterzublättern und den Stoff der betreffenden Seite nicht zu wiederholen.

An einer anderen Stelle im Deutschbuch hatte Hamid wegen des Inhalts große Bedenken. Er las die Sätze: »Ich bin Syrer. Ich bin nicht verheiratet. Ich habe drei Kinder.« Das verstehe er nicht, das sei falsch, sagte er. Meint er, dass ein unverheirateter Mann keine Kinder haben kann, oder gelten in gewissen Ländern die unehelichen Kinder nur als Kinder der Frau? Hamid hatte recht, der Satz stimmte nicht. Er war Teil einer Übung, wobei man eine CD hören und dann beantworten sollte, ob Sätze im Lehrbuch das auf der CD Gesprochene richtig wiedergeben. Hier war »nein« anzukreuzen.

## *Igel oder Esel?*

Hamid verstand deutsche Texte im Allgemeinen ganz gut, aber wenn ich ihm ein Wort buchstabierte, machte er viele Fehler, was mich verwunderte, denn das war meiner Meinung nach das Leichteste. Erst spät erkannte ich, woran es lag, dass er die Buchstaben, die ich doch deutlich aussprach, nicht unterscheiden konnte. Er stellte mir dann seltsame Fragen. Wenn ich ihm »Radio« buchstabierte, fragte er: »Igel oder Esel?« und beim letzten Buchstaben wollte er wissen: »Ohr oder U-Bahn?« Der Grund für seine Probleme war darin zu suchen, dass es in seiner Muttersprache für unser e und i nur einen Vokal gibt, und genauso für o und u. Es gibt also in seiner Sprache drei Vokale, denen im Deutschen fünf entsprechen, und das erklärt die Schwierigkeit der Unterscheidung. Das Radio endet also mit Igel, Ohr.

## *Fragmente eines Lebenslaufs*

Zwischen heiteren Momenten kam es manchmal dazu, dass Hamid Dinge erwähnte, die mir einen kleinen Einblick in seine schwere Jugend und die Flucht mit ihren Entbehrungen und Gefahren gaben. Er klagte fast nie. Seine Schulzeit war knapp. Er begann sie im Iran, wo sein Vater zu dieser Zeit arbeitete. Afghanen durften dort keine öffentlichen Schulen besuchen; sein Vater zahlte das Geld für eine Privatschule. Nach drei Schuljahren im Iran folgten drei Jahre an einer Grundschule in Afghanistan. Mit etwa 13 Jahren machte er sich allein auf in den Iran, um dort zu arbeiten. Auf dem Weg hatte er ein paar Freunde gefunden, mit denen er bei Nacht den Grenzübertritt schaffte. Zuerst erzählte er mir von der Zeit im Iran nichts Negatives. Ein Freund, mit dem er zusammen dort gearbeitet hatte, lebt jetzt in Australien und ruft ihn per WhatsApp noch öfters an. Er freut sich darüber und erinnert sich an den Spaß, den sie bei der Arbeit als Maurer hatten, als sie einander die Ziegel zuwarfen und viel lachten. Erst später erwähnte er, dass er bei dieser Arbeit schwer tragen musste und dass vielleicht die Rückenschmerzen, die er heute noch hat, damit zusammenhängen. Es gab auch andere Tätigkeiten, die er im Iran ausübte, im Winter die Arbeit auf einer Hühnerfarm und im Frühjahr als Gärtner in einer Baumschule, wo er Obstbäume beschnitt und veredelte. Als wir uns später einmal einen Kaurismäki-Film anschauten, in dem ein Flüchtling eine Nacht in einem Warenlager zubringen musste, bemerkte er: »Das habe ich auch gemacht.« Im Iran hat er in einem Lagerraum geschlafen, weil die Afghanen illegal im Land waren und er keine Wohnung nehmen konnte. Auch zum Einkaufen wagten sie sich nur bei Dunkelheit. Um das Geld für seine Flucht, d. h. für den Schlepper zu verdienen, kochte er außerdem für die ganze Belegschaft eines Betriebs, im Durchschnitt 17 Mann. Es hat allen gut geschmeckt, sagt er, und heute kann ich auch bestätigen, dass er gut kocht. Gelernt hat er es angeblich nicht von seiner Mutter, sondern fern von ihr im Iran von seinem Vater.

## *Die Familie und der Unterschied zwischen dem Onkel und dem Mann der Tante*

Über seine Familie habe ich allmählich etwas erfahren, als er eine Schwester oder einen Bruder erwähnte. Hamid war das erste Kind seiner Eltern. Über das Alter seiner Geschwister kann man keine genaue Aussage machen; nur die Reihenfolge der Geburten ist bekannt. In Afghanistan ist es nicht nötig, das Geburtsjahr oder gar das Geburtsdatum eines Kindes zu wissen. Fest steht, dass Hamid drei Schwestern und zwei Brüder hat, er also in einer achtköpfigen Familie aufgewachsen ist. Zwei Schwestern sind verheiratet, eine lebt im Iran, eine in der Nähe der Eltern in Daikondi. Die dritte ist seine Lieblingsschwester. Sie lebt in Kabul, wo sie vormittags bei der Polizei arbeitet und nachmittags an der Universität Jura studiert. Hamid hat ihr, als er im Iran arbeitete, Geld geschickt, um ihr die Ausbildung zu ermöglichen. Ich fragte: »Aber warum hast du ihr Geld geschickt, wo du doch selbst so wenig hattest?« Er sagte: »Ich liebe meine Schwester.« Einmal hat er erwähnt, dass sie als Beste von 110 Schülerinnen die Abschlussprüfung bei der Polizei gemacht hat. Von seinen Brüdern hat Hamid weniger erzählt; der jüngere, noch ein Kind, lebt bei den Eltern, der andere im Iran. Die Großeltern wohnten früher bei seinen Eltern und sind jetzt bei einem Onkel. Die Frau des Onkels ist nicht seine Tante, und der Mann seiner Tante ist nicht, wie ich angenommen hatte, sein Onkel. Er hat mehrere Onkel und Tanten, aber dazu zählen in Afghanistan nur die Geschwister der Eltern, nicht deren Ehepartner. Natürlich hat er auch eine Reihe von Cousins und Cousinen, und wenn sein Handy einen Anruf von ihnen meldet, fühlt er sich in Deutschland weniger einsam.

### *Immer dumm?*

Wie andere Jugendliche auch, hängt Hamid sein Herz oft an dumme Sachen und erfreut sich an albernen Späßen. Seine Droge heißt Handy. Damit kann er zwar zurzeit nicht telefonieren, weil kein Guthaben vorhanden ist, aber er korrespondiert mit Deutschen und Ausländern auf Facebook, benutzt auch WhatsApp und sieht sich Videos an, von denen er behauptet, dass sie ihn sprachlich fördern. Das tun seine Facebook-Freunde und -Freundinnen nur sehr begrenzt, denn ihre Ausdrucksweise bezeichne ich als »Ausländer-Deutsch«. Er amüsiert sich auch über seine eigenen Antworten. Eine Frau schrieb: »Ich wohne in Essen«, und seine Antwort war: »Ich wohne in Trinken«. Als ihm einmal während des Deutschlernens ein Freund die Frage sandte: »Wo bist du? Ich vermisse dich«, schrieb er als Antwort: »Ich vermisse dich nicht.« Sehr dumm finde ich, dass er einen Kettenbrief weiterleitete, den er auf Facebook erhielt, bei dem den Empfängern angedroht wurde, dass ihnen Unglück bevorstehe, wenn sie nicht mitmachten. Hamid spielt auch gern, nicht nur mit dem Smartphone, sondern auch Fußball, und Billard würde er gerne echt spielen, muss sich aber vorläufig mit Billard auf dem Handy begnügen.

Wie ein Kind spricht Hamid ganz unverhohlen seine meist unerfüllbaren Wünsche aus. Er will einen Fernseher haben, einen Computer, eine Kamera, ein Motorrad, ein Auto, eine große Wohnung, den Führerschein machen, nach Berlin ziehen oder nach Kanada, Pilot werden. Letzteres ist kein seltener Wunsch unter männlichen Jugendlichen, aber ich habe Hamid schon gesagt, dass er da keine Chancen hat, nicht nur wegen der Kosten der Ausbildung. Wenn nämlich im ärztlichen Attest »suizidgefährdet« steht, wird er zur Ausbildung gar nicht zugelassen.

»Du bist manchmal dumm«, sagte ich einmal zu Hamid. Er widersprach heftig: »Nein! Ich bin immer dumm.« Er meinte aber nicht seine Kindereien oder seine Handy-Sucht, sondern sein, wie er meinte, schwaches Gedächtnis, weil er sich die deutschen Wörter nicht auf Anhieb merken kann. Er glaubt es nicht, dass jeder Mensch beim Erlernen einer Fremdsprache auf ständige Wiederholung angewiesen ist.

Dass das Lernen nicht schneller geht, ist also kein Zeichen von Dummheit, und auch sein Bedürfnis nach Spaß und seine Bereitschaft zu lachen sind nichts Dummes. Wahrscheinlich tut ihm das Lachen gut und er freut sich über Späße. Aber dann senkt er plötzlich den Kopf und sagt: »Ich habe Angst.«

## *Syrien*

Die Angst, die Hamid oft empfindet, bezieht sich nicht nur auf zukünftige Bedrohungen, vor allem die erwartete Abschiebung, sondern sie hängt mit Bildern von erlebtem oder berichtetem Grauen zusammen, die sich in seinem Kopf eingebrannt haben. Das schlimmste Grauen begann mit einem verlockenden Angebot. Als er im Iran nach einer Operation das Krankenhaus verließ, wurde er von der Polizei abgefangen. Im Iran sind Afghanen illegal, und ihnen droht die Verhaftung und Abschiebung in ihr Heimatland. Das Angebot bestand nun darin, dass ihm statt dieser düsteren Perspektiven ein iranischer Pass in Aussicht gestellt wurde. Die Bedingung war allerdings, zwei Monate in Syrien zu kämpfen. Es wurde ihm nicht gesagt, dass viele junge Afghanen, die die Polizei fasste, vom Iran als Kanonenfutter nach Syrien geschickt wurden, wo der Iran Assad unterstützte. Die afghanischen Rekruten kämpften gegen den IS, aber nur anfangs gab es danach die versprochenen Papiere. Hamid erzählte nicht viel von dieser Zeit. Er erwähnte, dass ein Freund neben ihm von einer Bombe zerrissen wurde, ein anderer wurde von einer Kugel getroffen, die seinen Kopf durchbohrte. Er hat viele Tote gesehen. Den versprochenen Pass erhielt er nach den zwei Monaten nicht. Die Kriegserlebnisse kehren nachts als Alpträume zurück. Mehr kann ich nicht dazu sagen, denn über das Schlimmste hat Hamid am wenigsten erzählt.

## *Eine Fluchtgeschichte*

Durch welche Länder Hamid auf seiner Flucht kam, kann er nicht genau sagen. Der gefährlichste Teil war wohl die Fahrt über das Mittelmeer von der Türkei nach Griechenland in einem kleinen, untauglichen, mit 50

Personen überladenen Boot. Als ihnen nahe Griechenland das Wasser im Boot schon bis zu den Knöcheln reichte, überlegte Hamid, ob er seinen Rucksack, in dem er seine ganze Kleidung und seine Nahrung hatte, ins Meer werfen sollte, falls sie das letzte Stück schwimmen müssten, oder ob er es auch mit Gepäck schaffen könnte. Sie brauchten nicht zu schwimmen und wurden in Griechenland von freundlichen Menschen empfangen. Dann kam ein Bus für sie, und gegen Mitternacht kamen sie in Athen an, wo sie mit Decken, Kleidung und Nahrung versorgt wurden. Alles war auf Tischen ausgebreitet; sie konnten sich nehmen, was sie brauchten. Auf dem ganzen Weg nach Deutschland mussten sie nichts kaufen; überall war die Hilfsbereitschaft groß. Das widerspricht unseren weitverbreiteten Vorstellungen von feindseliger Haltung gegenüber Flüchtlingen in Griechenland, Ungarn, Serbien, Österreich. In Wien durften diejenigen, die bleiben wollten, aussteigen; die anderen konnten nach Deutschland weiterreisen. Am 15. 12. 2015 kam er in Deutschland an, in Rosenheim. Von dort aus wurden sie dann nach Ingolstadt weitergeleitet. Hamid hat also viel Glück gehabt, aber es widerstrebt ihm auch, viel Negatives zu erzählen. Zum Negativen gehört sicher auch der Preis, den er für den Schlepper zahlen musste, den ich später einmal erfuhr: 10 Millionen iranische Toman, umgerechnet etwa 1500 Euro.

## *Idyll in Afghanistan?*

Die Kindheit von Hamid, als er in Afghanistan lebte, stelle ich mir schön vor, seit ich Fotos von dem Ort sah, wo er aufgewachsen ist. Es ist ein Dorf in Daikondi, und die Bilder waren elektronisch verschickt und dann ausgedruckt. Sein Elternhaus ist umgeben von Mandel- und Aprikosengärten und liegt nahe den Bergen, in die er, zusammen mit seinem Vater, die Ziegen und Schafe trieb, die seine Familie besaß. Sein Vater hatte auch einen Esel, der die Ernte von den Feldern heimbringen durfte. Der kleine Hamid wurde einmal auf den Esel gesetzt, fiel natürlich herunter und fand das sehr zum Lachen. Später hatte einmal ein Bekannter ein Pferd gekauft, und alle Freunde durften einmal darauf reiten. Da war Hamid schon erfolgreicher und konnte sich eine Viertelstunde im Sattel halten.

Ein Idyll? Eines, das nur dadurch gestört wurde, dass der Vater gelegentlich die Mutter schlug. Hamid achtet den Koran, aber er mag die Moslems nicht. Sie beten fünfmal am Tag, sagte er, aber sie schlagen ihre Frauen. Schon als Kind sagte Hamid seinem Vater, er solle die Mutter nicht schlagen, denn er liebe seine Mutter. Der Vater antwortete, das verstehe er nicht, er sei ja noch ein Kind. Als er größer war, machte er seinem Vater wieder Vorwürfe und sagte, er dürfe die Mutter nicht schlagen. Der Vater antwortete: »Bin ich denn dein Sohn? Ich bin dein Vater; so kannst du nicht mit mir reden.«

Hamid wurde traurig, wenn er über die Rolle islamischer Staaten in der Welt nachdachte. »Überall, wo Moslems leben, ist Krieg«, sagte er, ohne sich jedoch vom Islam zu distanzieren.

Auf meine Frage, was ihm denn an Deutschland so gefalle, sagte er einmal: »Hier ist kein Krieg.«

## *Die Kursliste*

Der Deutschkurs, den Hamid besuchte, fand immer am Nachmittag statt. Am späten Vormittag gab ich meinen Deutschunterricht in der Flüchtlingsunterkunft, ein- bis zweimal pro Woche. Ich wunderte mich, wie schnell es im Kurs vorwärtsging. Es wurden in drei Monaten drei Lehrbücher durchgenommen, die DIN-A4-Format hatten und jeweils 180 – 184 Seiten umfassten. Ich wiederholte auch den vergangenen Lehrstoff mit Hamid und stieß in der ersten Lektion des ersten Bandes auf eine Übung, in der die Schüler die Aufgabe hatten, eine Kursliste zu erstellen. Hamid hatte es nicht geschafft. »Was ist eine Kursliste?« fragte er. Ich machte ihm klar, dass er jetzt nicht im Wörterbuch nachzuschlagen braucht, sondern das Wort selbst erschließen kann, denn es war eine Liste abgebildet, in der die Spalten *Vorname*, *Nachname*, *Stadt* und *Straße* auszufüllen waren. Ich wollte wissen, wie viele Teilnehmer in seinem Kurs waren. Er sagte, erst waren es 18, jetzt sind es nur noch drei. O weh, dachte ich, so schwer ist der Kurs, dass fast alle abspringen. Das war es aber nicht. Die Zahl der Schüler ging nicht deswegen zurück, weil sie mit dem Stoff überfordert waren, sondern wegen der Abschiebebescheide, die sie erhalten hatten. Daraufhin waren sie nicht mehr gekommen. Auch Hamid hatte nach seiner ersten Anhörung einen negativen Bescheid erhalten, aber er klagte dagegen und wartet jetzt die zweite Anhörung ab.

Hamid besitzt Ausdauer. Das habe ich bei meiner ersten Deutschstunde mit ihm gemerkt. Ich hatte, zum Testen seines Wortschatzes, das schöne Buch »Das kleine Museum« mitgebracht. Darin werden Details aus Gemälden berühmter Maler abgebildet und auf der Gegenseite steht groß das zugehörige Wort. Dieses deckte ich immer ab, als ich ihm die Bilder zeigte und nach dem Wort fragte. Hamid blieb jedes Mal lange stumm und schien nichts zu denken, aber dann kam immer genau das richtige Wort, wie durch ein Wunder.

## *Krankheiten, Verletzungen und anderes*

Hamid war immer aufrichtig. Aber einmal hat er gelogen. Ich habe es sofort gemerkt. Als ich ihm meinen Vormittagsunterricht geben wollte, traf ich ihn mit einem Freund an, einem gutaussehenden, freundlichen jungen Mann. Noch bevor wir uns begrüßen konnten, kam Hamid beschwingt und fröhlich auf mich zu und sagte, er sei krank. Er könne nicht mit mir Deutschunterricht machen und auch nicht zur Schule gehen. Ich bedauerte es nicht, denn ich hatte anderes zu tun. Das Verhalten von Hamid erstaunte mich aber: Er bemühte sich gar nicht, den Kranken zu spielen. Es war gerade Ramadan oder dessen Ende, und so unterhielt ich mich noch eine Weile mit dem Freund darüber. Er hielt die Fastenregeln ein, da er ein gläubiger Sunnit war. Hamid war auf Grund seiner Depressionen vom

Fasten ausgenommen; außerdem legen die Schiiten, zu denen Hamid gehört, die Regeln, wie ich hörte, nicht so streng aus.

Über den Ramadan sprach ich noch beim Weggehen mit Meseret, der hübschen Äthiopierin, die ich an der Eingangstüre des Heims traf. Sie sagte, sie habe den Ramadan gehalten, seit sie sechs Jahre alt war, und sie habe sich immer wohlgefühlt dabei. Ihrer Schönheit hat das Fasten offensichtlich keinen Abbruch getan.

Hamid sagt, er sei ungläubig. Aber er besucht zuweilen die Moschee, isst nie Schweinefleisch und trinkt keinen Alkohol. Einmal kaufte er eine Pizza und entdeckte zu Hause, dass sie auch eine kleine Menge Schweinefleisch enthielt. Er wollte sie nicht essen und suchte im Heim jemanden, dem er sie schenken konnte. Niemand nahm sie, denn alle waren Moslems. So hat er die Pizza dem Müll übergeben.

Was die Religion betrifft, so sagt Hamid, er liebt alle Menschen. Diese Haltung zu lehren gehört wesentlich zu allen mir bekannten Religionen, was aber nicht immer in deren Praxis zu erkennen ist.

Hamid braucht also den Ramadan nicht zu halten, weil er krank ist. Neben den Depressionen und Narben hat er allerhand Beschwerden und Verletzungen: häufige Kopfschmerzen, Bauchschmerzen, Übelkeit und gelegentliche Schmerzen infolge länger zurückliegender Unfälle. Größere Narben am Knie und am Fuß gehen auf einen Motorradunfall im Iran zurück, und eine Narbe am Oberschenkel hat er sich in Afghanistan zugezogen. Dort musste er durch einen Fluss waten, um auf der anderen Seite Holz zum Heizen zu sammeln; dabei traf ihn die scharfe Kante einer Eisscholle und verletzte ihn. Noch heute tut ihm beim Fußballspielen oft sein Fuß oder Bein weh, aber er gibt deswegen das geliebte Fußballspiel nicht auf.

Fast alle Bewohner der GU waren krank; man bemerkte es vor allem, wenn wieder einmal eine Person ins Krankenhaus kam. Ein alter Mann, der mich immer freundlich gegrüßt hatte, war gerade ins Krankenhaus gebracht worden, als ich einmal in der GU eintraf. Niemand wusste, in welchem Krankenhaus er nun war und ob man ihn anrufen konnte. Nach einiger Zeit wurde doch der Kontakt zu ihm hergestellt. Ich erfuhr, dass seine größte Sorge war: »Wo werde ich begraben, wenn ich jetzt sterbe?« Dass es nicht Afghanistan sein würde, schien ihn zu beunruhigen.

## September / Oktober 2017

### Mit dem Rad in 20 Monaten

Der Deutschkurs von Hamid, der am Nachmittag stattfand, ging zu Ende, und da er in der Berufsschule, die nun folgte, Vormittagsunterricht hatte und er in den Ferien ausschlafen wollte, wurde mein Deutschunterricht auf den Nachmittag verlegt. Das Zimmer, in dem wir immer gelernt hatten, war eigentlich ein Spielzimmer für Kinder und wurde am Nachmittag häufig von ihnen benutzt. Es war also jetzt ziemlich unruhig dort, und ich zog es vor, mein Arbeitszimmer für den Deutschunterricht von Hamid anzubieten.

In meiner Wohnung bestand die Störung höchstens darin, dass Nachbarn vorbeikamen und mit uns sprachen, aber das hielt ich eher für einen Vorteil, weil Hamid dann mit mehreren Native Speakers deutsch sprechen konnte. Er machte aber davon kaum Gebrauch, weil er sich schämte, so schlecht zu sprechen, und vielleicht auch einfach schüchtern war. Eine Nachbarin jedoch beklagte sich, dass er sie ganz böse angeschaut habe. Das hatte ich nicht bemerkt und konnte es mir kaum vorstellen. Als ich Hamid später einmal fragte, warum er so böse Blicke auf die Nachbarin geworfen hatte, gab er eine akzeptable Erklärung. Meine Besucherin hatte vorher Whiskey getrunken, und da er als Moslem Alkohol ablehnt, war es ihm verhasst, ihn auch nur zu riechen. Als wir den Termin für die nächste Deutschstunde vereinbarten, fragte er vorsichtig, ob dann vielleicht die Nachbarin wieder da sein werde.

Nun waren die Unterrichtszeiten flexibler geworden und unsere Verabredungen wurden meist per E-Mail getroffen. Ich wunderte mich, dass seine E-Mails meist ohne Orthografiefehler waren, während in seinem Heft ständig Fehler standen. Ich hätte mir denken können, woran das lag: Sein Handy schlug ihm, sobald er die ersten Buchstaben eingetippt hatte, Wörter vor, von denen er nur das passende auswählen und anklicken musste.

Einige E-Mails enthielten trotzdem Fehler und waren zu charmant, um gelöscht zu werden:

»Ich habe ein bisschen Viber« oder »Ich fahre jetzt weg. In 20 Monaten bin ich bei dir.«

### *In der Moschee*

Einmal im September kam Hamid nicht zur vereinbarten Deutschstunde. Später schrieb er, er sei in der Moschee gewesen. Ich war noch nie in einer Moschee und wüsste gerne, wie es dort aussieht und was dort vorgeht. Das einzige, was Hamid dazu sagte, war: »In der Moschee weinen die Männer immer.« Ich fragte: »Du auch?« Antwort: »Ja«.

### *Die Hand des Vaters*

Als Hamid hereinkommt, lacht er mich an, wie immer. Ich frage: »Wie geht's?« »Gut,« ist die Antwort. Und bald danach sagt er: »Ich bin heute traurig.«

Hamid vermisst seine Familie. Er hat mit der Mutter telefoniert. Sie hat geweint und gesagt, er solle heimkommen. Was er geantwortet hat, will ich wissen. – »Du musst warten.«

Heute hat mir Hamid große, offensichtlich neu ausgedruckte Bilder von Afghanistan mitgebracht. Auf einem sieht man die Berge bei seinem Vaterhaus, und einige Bilder zeigen seinen Vater. Ihm fehlt eine Hand. Er verlor sie, wohl weil er Schiit ist und das Abhacken einer Hand bei den Taliban als Strafe für Ungläubige üblich ist. Als solche gelten Schiiten bei den Taliban, die fanatische Sunniten sind. Hamid hat seinen Vater nie mit dem verkrüppelten Arm gesehen, aber er hat Fotos von ihm erhalten. Sein Blick ist streng; nur auf einem Foto bringt er fast ein Lächeln zustande. Er sieht stattlich aus, auch ohne linke Hand. Hinter ihm sieht man seinen Obstgarten, mit Mandel- und Aprikosenbäumen, in dem er jetzt nicht mehr so wie früher arbeiten kann. Ich bemerkte, dass es eine schöne Landschaft sei. »Ja«, sagte Hamid, »aber es ist immer Krieg.«

## *Frauen I: Die Mutter*

Die Mutter von Hamid hat immer Angst. Sie würde gern im Iran leben, aber der Vater will in seiner Heimat bleiben.

Einmal reiste die Mutter aus einem besonderen Anlass in den Iran. Sie war gekommen, um Hamid zu begrüßen, der aus dem Krieg in Syrien zurückgekehrt war. Alle trafen sich im Haus ihrer Tochter, die im Iran lebte und für diesen Tag viel gekocht und ein Fest vorbereitet hatte.

Als Hamid im Haus seiner Schwester ankam, nahm ihn zuerst seine Mutter in die Arme. Sie drückte ihn fest und wollte ihn gar nicht mehr loslassen. Als sie es endlich tat, dauerte es nur ein paar Augenblicke, bis sie alles wiederholte. Auch die Freude der anderen war überschwänglich.

Als mir Hamid das erzählte, war er aufgestanden, unterstrich alles mit Gesten und schien das Erzählte noch einmal zu erleben. Ich hatte ihn schon zuvor wegschicken wollen, weil es bereits spät war, aber er war kaum zu stoppen. Schließlich riss ich ihn doch in die Gegenwart zurück.

## *Afghanischer Humor*

Den Afghanen scheinen Gastfreundschaft und Hilfsbereitschaft viel zu bedeuten, aber manchmal muss man, um die Gewohnheiten seiner Landsleute zu ertragen, auch eine Menge Humor besitzen. An einem Dienstag zum Beispiel, als Hamid nach der Schule todmüde war und etwas schlafen wollte, kam ein Freund zu Besuch, natürlich unangemeldet, drang in sein Zimmer ein und versuchte hartnäckig, ihn zu wecken, was ihm schließlich gelang. Und Hamid? Er fand es lustig und dachte nicht daran, dem Freund Vorwürfe zu machen oder ihn gar fortzuschicken.

Oder ein Freund rief ihn an und bat, dass er ihm beim Einkaufen helfen solle; er könne nicht alles vor

Ladenschluss besorgen und nicht alles tragen. Hamid musste sich also sofort aufmachen und in die Nähe des Hauptbahnhofs begeben. Sein Freund hatte ihm aber ein falsches Geschäft gesagt, wo er auf ihn warten sollte. Nur durch Zufall hat Hamid dann auch an der richtigen Stelle nach dem Freund gesucht, und das Missverständnis hat die beiden nur zum Lachen gebracht.

Noch bedenklicher ist folgender Vorfall: Ich hatte bemerkt, dass Hamid eine sehr gute Fahrradlampe hat, besser als meine. Ich dachte, so eine abnehmbare könnte ich auch gebrauchen, und fragte ihn, wo es die gibt. Er wusste es nicht. – Hast du sie nicht gekauft? – Nein. – Geschenkt bekommen? – Nein. – Hast du sie vielleicht gestohlen? – Ja. – Ich war schockiert. Später erzählte er: Sein Freund habe ihn angerufen und ihm gesagt, er habe schon eine Stunde seine Fahrradlampe gesucht, er wisse nicht, wo sie sei. – »Sie ist bei mir«, sagte Hamid. Als der Freund sich beschwerte, meinte er nur: »Denk an den Kopfhörer.« Nun musste dieser schweigen, denn er hatte ihm vor einiger Zeit den Kopfhörer entwendet. Dass man daraus kein Drama macht, gehört zum afghanischen Humor.

Den zeigte Hamid manchmal auch im Deutschunterricht, in anderer Form. Ich suche oft meine Brille, die ich nur zum Lesen benötige. Einmal sagte ich: »Jetzt habe ich zwei Brillen, und keine ist da.« Er antwortete: »Vielleicht brauchst du vier oder fünf Brillen.«

## *ZAB*

Hamid hatte am 18. 9. einen Termin bei der Zentralen Ausländerbehörde. Er konnte nicht zur Schule gehen und musste sich um 8 Uhr dort einfinden. Er erwartete, wie mir scheint, eine Entscheidung in Bezug auf seine Abschiebung und war dementsprechend aufgeregt. Natürlich konnte er nicht schlafen und sandte mir in seiner Verzweiflung E-Mails. Um 2.41 Uhr schrieb er: »Ich kann nicht einschlafen es ist zu spät«, und um 4.00 Uhr: »Jetzt ist zu spät 4.00 Uhr kann ich nicht schlafen«, gefolgt von 12 Fragezeichen. Am Morgen muss er kurz eingeschlafen sein, musste bald darauf aufstehen und lief ohne Frühstück zur U-Bahn, um nicht durch Unpünktlichkeit einen schlechten Eindruck zu machen. (Pünktlichkeit – das war eines der ersten und wichtigsten Wörter, die im Deutschunterricht gelehrt wurden, und die Schüler zeigten meistens durch heftiges Kopfnicken an, dass sie es zwar akzeptierten, aber ihre Schwierigkeiten damit hatten.) Hamid traf hungrig bei der ZAB ein und musste dann mehr als vier Stunden warten. Ich weiß nicht, was sie von ihm wollten; er verstand es jedenfalls nicht und erzählte, dass er nur einige unbedeutende Angaben machen musste und nach einigen Minuten schon fertig war. Wie er sich fühlte? Zermürbt, traurig, zu müde, um zornig zu sein. Am nächsten Tag schrieb er mir nur eine kurze Nachricht: »Ich bin sehr, sehr traurig.« Und er kam an diesem Freitagabend nicht, wie vorgesehen, zum Deutschunterricht, sondern ging in die Moschee.

## *Die Mutter des Paschtunen*

Es war Feiertag, der 3. Oktober. Hamid sollte um 11 Uhr kommen, und es war mehr als zwei Stunden später, als er läutete. Ich begann mich zu beschweren, aber da unterbrach er mich. Es war etwas im Heim vorgefallen. Ein Afghane hatte erfahren, dass seine Mutter gestorben war. Er war außer sich, schlug um sich, warf mit Gegenständen herum. Er wusste nichts Genaueres, und die Leute im Heim wollten, dass Hamid bei ihm zu Hause anruft und mit seinen Verwandten spricht. Hamid konnte das nicht. Er verstand ihre Sprache nicht, was einige nicht glaubten, weil er doch auch Afghane ist. Hamid spricht nur Dari, und die Sprache des anderen, Paschtu, ist davon sehr verschieden.

Am nächsten Tag erkundigte ich mich, wie es dem Afghanen geht. Hamid sagte, er sei jetzt ganz ruhig, aber er weint immer.

Wir sind dann noch eine Weile auf einem alten Friedhof spazieren gegangen und haben die gute Luft eingeatmet, die aus dem feuchten Boden und von den dort angesammelten Blättern aufstieg. Es ist ein nicht mehr genutzter Friedhof; der Schmerz über den Tod der dort Begrabenen liegt lange zurück.

## *Der Silberteller*

Ich war ins Heim gekommen, um Ifrah, meine neue Schülerin, zu unterrichten, und klopfte anschließend bei Hamid, dem ich zwei Blätter mit unregelmäßigen

Verben geben wollte. Er sagte, ich solle mit ihm kommen, und lief voraus zur Küche. Auf dem Herd stand ein großer Topf mit einem Reisgericht mit Zutaten wie Möhren, Rosinen, etwas Hähnchenfleisch und natürlich Gewürzen. Er hatte es gekocht und bot es mir an. Ich war satt, aber konnte nicht widerstehen, weil der Anblick und der Geruch sehr einladend waren. Nun holte er aus seinem Zimmer, um das Essen noch mehr aufzuwerten, einen schönen ovalen Silberteller, aus Afghanistan – dachte ich, aber er war vom Flohmarkt. Das erste afghanische Gericht, das ich probierte, schmeckte wunderbar.

Was Hamid kocht, wird wohl auch von anderen geschätzt. Einmal erzählte er mir, dass ein Freund ihn manchmal anruft und fragt: »Was kochst du heute?« Nachdem er es erfahren hat, sagt er: »O.K., ich komme und esse mit dir.« Das tut er oft, sagt Hamid, und lacht. Ab und zu kochen sie auch zusammen. Ich frage, ob er denn etwas dazu zahlt. Nein, sagt Hamid. Aber der Freund ruft manchmal an, wenn er am Bahnhof ist, und fragt, ob Hamid etwas braucht. Wenn er dann für Hamid einkauft und es ihm mitbringt, lässt er es sich nicht bezahlen.

## *Die Nudelwalze und überraschende Gemeinsamkeiten*

Hamid, der zu mir zum Deutschunterricht kam, sah auf der Küchenkredenz die Nudelwalze und fragte, was das sei. Ich erklärte ihm, dass man damit den Teig ausrollt, und machte es ihm vor. Im Schrank habe ich dieselbe Walze noch einmal. Ich holte sie hervor und sagte, dass ich genau dieselbe schon einmal gekauft hatte, aber ich hatte es ganz vergessen. Er freute sich ungemein über meine Vergesslichkeit. Er lachte und sagte: »Du bist ein bisschen wie ich.«

Das Wort »Nudelwalze«, übrigens, stammt aus dem Wortschatz meiner Mutter. Dieses Küchenutensil sollte ich besser »Teigroller« nennen; im Internet fand ich neun alternative Bezeichnungen dafür. Aber ich halte mich bis heute an die Gewohnheiten meiner Mutter.

Offensichtlich ähneln sich mütterliche Gewohnheiten auch in weit entfernten Ländern. Mir fiel einmal, als Hamid anwesend war, ein Löffelbiskuit auf den Boden. Ich hob es auf, blies darüber, steckte es in den Mund und sagte: »Das hat meine Mutter immer so gemacht.« Hamid war verwundert: »Meine Mutter auch!«

Hamid klagte manchmal über Rückenschmerzen. Ich hatte ihm einmal darauf geantwortet, er solle nicht immer so einen schweren Rucksack in die Schule und zu mir schleppen, er solle nur einpacken, was er an dem betreffenden Tag brauche. Dabei wusste ich schon, dass meine Ermahnung nichts bewirken würde, und sagte: »Aber das geht ja bei dir zu einem Ohr hinein und zum anderen wieder heraus.« Hamid musste lachen und bemerkte: »Das hat meine Mutter auch immer zu mir gesagt.« Die Menschen haben mehr gemeinsam als viele denken.

### *Unverständliches*

Und doch: Für die afghanische Mentalität fehlt mir oft das Verständnis. Einmal erzählte Hamid, dass er auf seinem Handy drei Anrufe von dem Freund aus G. vorgefunden habe. Dieser fragte immer: »Wo bist du?« Die Antwort hätte er sich denken können: In der Schule! Am Nachmittag wartete der Freund immer noch und verlangte von Hamid, sofort zum Bahnhof zu kommen. Er hatte an diesem Tag 10 Kilogramm Reis gekauft, konnte sie aber nicht allein nach Hause transportieren, da er auf Krücken ging. Also sollte Hamid ihm helfen und ihn bis nach G., über 30 Kilometer entfernt, begleiten. Hamid tat das selbstverständlich.

Ein anderes Mal hatte ich Hamid per E-Mail mitgeteilt, dass er mir bis 14 Uhr Bescheid geben solle, ob er an diesem Tag zum Deutschunterricht kommen würde. Ich erhielt keine Nachricht, und um 20.30 Uhr läutete er. Als wir noch lernten, rief ihn ein Freund an, weil seine Frau zu ihrer Mutter gefahren war und Hamid kommen sollte, damit er nicht allein sei. Ich begriff nicht. Ist Alleinsein unerträglich? Und es war schon halb zehn! Wie konnte Hamid diese Bitte auch nur ernst nehmen?

Unverständlich ist mir auch, wie Hamid, der sonst sehr rücksichtsvoll und hilfsbereit ist, sich manchmal so danebenbenehmen kann. Einmal, als Hamid mir bei einer Arbeit geholfen hatte, kaufte ich am Heimweg bei einem Italiener eine besonders gute Pizza, die wir uns teilen wollten. Während wir dann etwa fünf Minuten bis zu meiner Wohnung liefen, führte er ein WhatsApp-Gespräch, ich wusste nicht mit wem. Er sprach dabei so laut, dass die Leute auf der gegenüberliegenden Straßenseite jedes Wort hätten mitbekommen können, wenn sie Persisch verstanden hätten. So konnten sie sich nur ihre Gedanken machen über das schlechte Benehmen von Ausländern. Zu Hause wollte ich natürlich gleich essen, solange die Pizza noch warm war. Hamid legte das Handy nicht aus der Hand und aß, wenig achtsam, mit der anderen. Als endlich sein Gespräch beendet war, habe ich ihm sein schlechtes Benehmen vorgehalten. Er sagte, Persisch spricht man eigentlich immer leise, aber der betreffende Freund konnte ihn nicht gut verstehen und forderte ihn mehrmals auf, lauter zu sprechen. Ich fand sein Verhalten trotzdem nicht richtig, und dass man nicht mit dem Handy in der Hand isst, sollte er auch wissen. Zu diesem Zweck habe ich ihm später eine Liste mit Anstandsregeln erstellt, die er unbedingt beachten sollte. Es wurden zwei DIN-A-4-Seiten.

## *Auf und Ab der Gefühle – Teil 1*

An einem Tag kam Hamid in Hochstimmung hier an, noch ganz erfüllt vom Treffen mit zwei Onkeln. Ein Bruder seines Vaters war aus Dortmund gekommen und hatte sich in einem billigen Hotel einquartiert, und man traf sich natürlich mit dem Bruder seiner Mutter, der mit Familie in P. wohnt. Hamid zeigte mir auf seinem Handy neuere Bilder aus Afghanistan. Auf einem waren Menschen an einem Ort versammelt, wo eine neue Moschee gebaut werden soll, ein anderes zeigte einen See, wo er als Kind im Wasser geplanscht und Fische gefangen hatte, die dann am Feuer gegrillt wurden. Zuletzt sah ich das Bild eines europäisch gekleideten Mannes mit Anzug und Krawatte und einem nobel wirkenden Gesicht. Es war ein Arzt, der ihn als Kind immer behandelt hatte. Hamid hatte vor einem Jahr mit ihm telefoniert; er hatte ihm Mut gemacht und über Deutschland gesagt, dass es ein schönes Land sei und man dort viel lernen könne; er solle versuchen, Ingenieur zu werden. Hamid blieb skeptisch und meinte, er habe ja keine Schulen und könne nur eine einfache Ausbildung machen, aber der Arzt wusste, dass man auch nach abgeschlossener Berufsausbildung noch studieren kann. Vor einem Monat hat Hamid erfahren, dass die Taliban den Arzt getötet haben. Auf der Fahrt nach Kabul, wo er Medikamente besorgen wollte, wurde er von ihnen angehalten. Seine Leiche hatte zahlreiche Schusswunden.

Das ist kein Einzelfall. Schon vorher hatte mir Hamid von einem Onkel erzählt, der Polizist war und mit drei anderen in einem Auto von Taliban angegriffen wurde. Eine Bombe traf das Auto. Drei der Insassen wurden getötet, unter ihnen der Onkel.

Ich sah noch mehr Fotos, alle ohne Frauen. Selbst auf Hochzeitsbildern war die Braut nicht zu sehen. Frauen sollte man nicht fotografieren, so will es die islamische Tradition.

## *Auf und Ab der Gefühle – Teil 2*

An einem Sonntag, einem strahlenden Herbsttag, wollte ich zum ersten Mal mit Hamid einen kleinen Ausflug machen und in gesünderer Umgebung mit ihm lernen. Schon auf dem Weg nach L. im Auto bekamen wir, als wir durch den Wald fuhren, die klare, aromatische Morgenluft zu spüren. Nach einem Spaziergang auf einem Hügel über L. begaben wir uns nach M., wo wir lernen wollten. Der dortige See hatte aber schon viele Ausflügler vor uns angezogen, so dass es in seiner Nähe keinen Parkplatz mehr gab und wir erst nach einem langen Fußweg am Ziel waren. Immerhin fanden wir abseits der vielen Besucher einen stillen Platz im Gras, wo wir mit Blick auf den See, auf Bäume mit gelben Blättern und auf einen Igel, der vor uns zögernd vorüberzog, den Ethikstoff lasen und besprachen: Martin Luthers Leben und seine Zeit.

Es war ein schöner Tag, sagte Hamid auf der Heimfahrt. Bald darauf, als wir auf die Depressionen zu sprechen kamen, die ich für überwunden hielt, sagte er: »Ich will sterben.« Warum? Seine Mutter sei krank, sagte er, der Vater könne nicht arbeiten, er selbst wisse nicht, ob er bleiben kann. Ich erwiderte, er könne es seiner Mutter nicht antun, Selbstmord zu begehen. Hamid darauf: »Sie hat ja noch andere Kinder.«

Gegen Ende der Heimfahrt erfuhr ich von einem Vorfall, der ihn immer noch belastete. In seiner ersten Zeit in Deutschland verlor Hamid viel Geld an einen Afghanen. Der hatte ihm versichert, er brauche gar nicht Deutsch zu lernen, er nehme für ihn einen Anwalt, und so könne er sicher in Deutschland bleiben. Er musste ihm in Raten Geld für den Anwalt geben, und als es sich schon auf fast 1000 Euro summiert hatte, wollte Hamid den Anwalt sehen. Das wurde von dem anderen abgewehrt mit dem Argument, er könne doch nicht Deutsch und daher nicht mit ihm reden. Hamid beendete das Geschäft und wollte sein Geld zurück, weil er sich betrogen fühlte. Er ging zur Polizei, die ihm jedoch nicht helfen konnte, und der »Freund« war verschwunden und weder unter seiner Telefonnummer noch unter seiner Adresse zu erreichen.

Die Geschichte machte mich betroffen. Das war das Ende eines schönen Tages.

## *Ashkan*

Ausflüge kamen nun in Schwung. Am nächsten Samstag wollte ich wieder einmal den See in R. besuchen und bot Hamid an mitzufahren. Hamid läutete am Abend zuvor bei mir. Er war eigens gekommen, um zu fragen, ob wir seinen Freund Ashkan mitnehmen können. Ich kannte Ashkan nicht. Trotzdem sagte ich zu und wunderte mich dann, wie lange Hamid brauchte, um Ashkan das per Handy mitzuteilen. Ich hörte gerne zu, obwohl ich nichts verstand, aber der sanfte Klang der persischen Sprache hat mich fasziniert.

Um sechs Uhr früh am nächsten Morgen goss es in Strömen. Ich glaubte nicht, dass aus dem Ausflug etwas würde. Aber als wir um neun Uhr wegfuhren, fielen nur noch vereinzelte Tropfen auf die Windschutzscheibe, und am See staunten wir über den klaren Blick auf die Berge in der Ferne.

Ich bereute nicht, Ashkan mitgenommen zu haben. Schon auf der Hinfahrt waren wir uns einig, dass Hamid von der Droge Handy wegkommen sollte, und der wollte ständig anhalten, um zu fotografieren, was ich ihm verweigerte. Neben Ashkan erschien mir später Hamid wie ein Kind, manchmal Faxen machend, manchmal abwesend und traurig. Er setzte sich am See abseits auf einen Baumstumpf oder allein an das Ende eines Stegs.

Ashkan ist ausgeglichener und belastbarer als Hamid. Er wohnt in einem Heim, das sehr groß, unfreundlich und ungünstig gelegen ist. Um von dort zur Schule zu kommen, ist er eine Stunde unterwegs; im Heim gibt es keinen Raum, wo er in Ruhe seine Hausaufgaben erledigen kann. Aber er lernt ernsthaft und regelmäßig. Zu Hamid verhält er sich wie ein großer Bruder: nachsichtig, beratend, verständnisvoll.

Das Gute am Heim von Ashkan ist der dortige Fußballplatz. Meistens wird samstags gespielt. Weil Hamid und Ashkan dazu nicht zu spät kommen wollten, machten wir uns nach einem Spaziergang am Ufer entlang und einem kleinen Picknick sofort auf den Rückweg. Im Auto erzählte mir Ashkan, was er über Deutschlands Geschichte gelernt hatte, und Hamid, der hinten saß, war ganz ruhig, vermutlich beschäftigt mit seinem Handy.

## *Javad*

Am folgenden Freitag war ich mit Hamid beim Flüchtlingsrat, von dem Hamid gehört hatte und mit dem ich schon Kontakt aufgenommen hatte. Freitags war ab 14 Uhr Javad dort, der mit Hamid Dari sprechen konnte. Das kleine Büro lag in einer ruhigen Nebenstraße und hatte etwas Provisorisches.

Javad war der dritte Afghane, den ich kennen lernte, und ein besonders sympathischer. Er ist von zarter Statur, zurückhaltend, korrekt. Er bot uns Tee an, hat gute Umgangsformen, ist ein aufmerksamer Zuhörer. Während des langen Gesprächs mit Hamid, in dem es um Asylfragen und die drohende Abschiebung ging, konnte ich die zwei sehr unterschiedlichen Gesichter betrachten. Javads Gesicht war wenig bewegt, ernst. Seine Gesichtszüge mit den geschwungenen Lippen erinnerten mich an Menschendarstellungen auf Bildern alter Handschriften aus orientalischen Ländern. Hamid wirkt weniger von Kultur geprägt, sondern ganz ursprünglich. Sein Gesicht ist bewegt, die Augen wandern zur einen und zur anderen Seite, in seinem entspannten Gesicht bildet sich ab und zu ein Lächeln, von dem eine kleine Falte neben dem Mund zurückbleibt. Das Mienenspiel der beiden beeindruckte mich.

Noch fesselnder als die Mimik war der Klang der Sprache. Dari, ein Zweig des Persischen, ist eine weiche, sehr wohlklingende Sprache, was ich schon beim Telefonat von Hamid mit Ashkan bemerkt hatte. Nun konnte ich sie noch einmal auf mich wirken lassen, noch länger und intensiver.

Mir fiel danach auf, dass Javad einen schönen Laptop

hatte, und seltsamerweise fand ich darauf die Aufschrift »Volkstheater …«. Wie sollte ich mir das erklären? Javad ist Student der Informatik, schon fortgeschritten, und er arbeitet nebenbei nicht nur im Flüchtlingsrat, sondern auch im Theater. Ich war immer noch neugierig und fragte, was er dort tue. Er springt an verschiedenen Stellen ein, in der Verwaltung, an der Garderobe, und als ein Schauspieler erkrankt war, wurde er sogar auf die Bühne geschickt. Dort würde ich ihn gern einmal sehen.

## November / Dezember 2017

### *Hazara*

Am 1. 11. sollte Hamid zum Unterricht zu mir kommen, doch ich hörte nichts von ihm. Er läutete am 2. 11. um 22 Uhr. Mehr als drei Stunden vorher war er schon dagewesen, aber ich war nicht zu Hause. Dass ich erst um 19 Uhr heimkomme, stand in meiner E-Mail, die er nicht gelesen hatte. Hamid kam nicht zum Lernen, sondern wollte mir etwas bringen. Er packte warmes Essen aus, eine afghanische Speise, von ihm gekocht. Es war ein Hefegebäck mit Kartoffeln und Gemüse darin, das ganz fein schmeckte.

Da Hamid ab und zu nicht kam, wenn Unterricht geplant war, las ich in dieser Zeit manchmal Dinge, die ihn betrafen. Ich hatte kurz zuvor für Javad eine Kopie vom Protokoll der Anhörung im Asylverfahren gemacht, das ich von Hamid erbeten hatte, und druckte gleich eine zweite für mich.

Schon in der Antwort auf die erste Frage fiel das Wort »Hazara«. Hamid war gefragt worden, ob er einer bestimmten Volksgruppe angehöre. Dass Hamid Hazara ist, erklärt die besondere Gefahr, der er in Afghanistan ausgesetzt ist. Als er antwortete: »Ich bin Hazara«, war dem Richter vielleicht nicht klar, was das bedeuten kann, und Hamid hat auch nichts weiter dazu gesagt. Die Hazara sind eine ethnische Gruppe, die, im Gegensatz zur sunnitischen Mehrheit im Land, fast ausnahmslos Schiiten sind. In der Provinz Daikondi, aus der Hamid stammt, sind 90 % der Bevölkerung Hazara. Sie üben ihre Religion auf friedliche und tolerante Weise aus und interessieren sich mehr für Bildung als für das Durchsetzen strenger Regeln und den Kampf gegen Ungläubige. Den Taliban, die fanatische Sunniten sind, gelten sie daher als Ungläubige. Daikondi gilt als sicher, weil es nicht von Taliban kontrolliert wird und nicht umkämpft ist. Aber den Bewohnern droht Gefahr durch die Taliban, wenn sie auf den Straßen des Landes unterwegs sind. Wegen ihrer teilweise mongolischen Herkunft sind sie oft schon an ihrem Aussehen erkennbar. Sie haben eine Geschichte von Diskriminierung, Verfolgung, Versklavung und sogar Massakern hinter sich.

An einem Montag blieb ich nach dem Unterricht, den ich Ifrah gegeben hatte, im Heim, um etwas mit Hamid zu lernen. Wir setzten uns in die Küche, wo das Kommen und Gehen anderer und die Küchengeräusche und -gerüche mich manchmal belästigten. Dazwischen erzählte mir Hamid etwas, das ihn offensichtlich sehr beschäftigte. Er hatte im Internet eine beunruhigende Nachricht gelesen. In Kabul hatte sich eine Studentin, 24 Jahre alt, mit Gift umgebracht. Sie war Hazara und hatte immer schlechte Noten erhalten, obwohl alles richtig war, was sie in Prüfungen schrieb. Sie hatte kein Geld, um die Lehrer zu bestechen und war als Hazara unerwünscht. Hamid sagte über die Korruption in Afghanistan, bei den Hazara sei das anders. Das Gleiche habe ich auf seriösen Internetseiten gelesen: In den Gebieten der Hazara gebe es keinen Mohnanbau, keine Korruption und ein höheres Bildungsstreben.

## *Ashkan noch einmal*

Ashkan ist auch Hazara, und Hamid sagt, er kenne viele Afghanen, aber er mag nur Ashkan. Das stimmt nicht, denn er hat andere gute Freunde, aber Ashkan ist der beste.

Mit ihm fuhren wir Anfang November noch einmal nach R. und wanderten auf einem längeren Weg durch ein Naturschutzgebiet zum See, diesmal zum Südufer. Wieder wirkte Ashkan viel reifer und nachdenklicher. Hamid verhielt sich ähnlich wie beim letzten Mal, machte immer wieder Späße. Meine Mutter hätte ihn »Kasper« genannt, ohne zu wissen, dass der Name »Kaspar« durch Kaspar Hauser auch etwas Tragisches hat, und natürlich ohne an Handkes »Kaspar« zu denken. Dieser, der mit der Sprache kämpft, zu der er erst spät findet, soll zum Sprechen gebracht werden und wird von fremden Kräften bewegt. Fühlt Hamid das in der Schule? Auch Verlaines Kaspar-Hauser-Gedicht »Gaspar Hauser chante« passt auf Hamid, den verhinderten Selbstmörder. »La mort n'a pas voulu de moi« heißt es da. Der Tod wollte ihn nicht. Und oft hat er sich gefragt: »Wozu lerne ich Deutsch?« und »Was soll ich auf dieser Welt?« »Qu'est-ce que je fais en ce monde?« sagt Kaspar bei Verlaine.

Wahrscheinlich wäre Hamid verloren, wenn er Ashkan nicht hätte. In jeder Notlage kann man sich auf ihn verlassen.

Hamid erzählte mir, dass er vor kurzem Ashkan angerufen hat. Als Ashkan abnahm, fragte er: »Was brauchst du?« Hamid erzählte ihm, dass er kein Geld mehr hatte. Ashkan antwortete, er habe auch fast nichts mehr zu Hause, aber er könne am nächsten Tag nach der Schule zur Bank gehen. Ashkan hatte dort noch 75 €, davon gab er Hamid 40. Das hätte er nicht tun sollen, meinte ich, und Hamid hätte es nicht annehmen dürfen. Das ist zu großzügig. Aber Hamid hatte kein schlechtes Gewissen. »Letzten Monat habe ich ihm 50 € gegeben«, meinte er.

Als ich einmal ein Heft von Hamid in die Hand nahm, das er hiergelassen hatte, fiel mein Blick auf eine ungewöhnliche Seite. Jemand hatte in sehr schöner Schrift, die nicht die von Hamid war, eine ganze Seite mit deutschen Sätzen gefüllt, die Informationen über Deutschlands Verfassung, Institutionen und Geschichte enthielten. Ich staunte darüber und konnte es mir nicht erklären. Später erfuhr ich von Hamid, dass Ashkan das geschrieben hatte, als er einmal warten musste. Viele waren vermutlich in dieser Lage, aber nur wenige haben wohl die Zeit so genutzt.

## *Ein schöner Tag!*

An diesem Novembertag kam Hamid erst abends und hatte nicht viel Zeit. Ich glaube, er war nicht wegen des Deutschunterrichts gekommen, sondern wegen der Gelegenheit, mir dazwischen etwas zu berichten. Die Erzählung schloss er mit dem Satz: »Heute war ein schöner Tag.«

Der schöne Tag begann damit, dass er um halb fünf Uhr früh durch einen Anruf geweckt wurde. O weh, dachte ich, nun wird ihm noch etwas von der spärlichen Nachtruhe geraubt; er schläft doch immer erst gegen

Morgen ein. Er war auch als erstes beunruhigt, denn es war ein Anruf aus Afghanistan. Doch es war keine schlechte Nachricht. Ein Cousin, der Medizin studiert, rief an und sagte, dass Hamids Vater bei ihm sei, in der Hauptstadt von Daikondi, und dass dieser mit Hamid sprechen wolle. Der Vater fragte, wie es ihm gehe, und Hamid erzählte ihm, dass er seit einiger Zeit starke Rückenschmerzen habe. Die Antwort des Vaters war: »Du wirst halt schon alt«, was beide am Telefon zum Lachen brachte.

Dann gab es noch eine erfreuliche Nachricht. Hamid erfuhr, dass sein Vater ein Stück Land kaufen wollte. Dort plane er, 50 Mandelbäume zu pflanzen, mit denen er nach fünf Jahren, wenn sie tragen, gut verdienen könne. Der Kaufpreis lag bei umgerechnet 1000 €; er wollte Geld von Verwandten und Freunden leihen und hoffte daneben auf Unterstützung durch die Kinder.

Die Freude von Hamid beruhte auch darauf, dass er an diesem Morgen außerdem mit seiner Schwester am Handy reden konnte. Um sechs Uhr früh stand also schon fest: Heute war ein schöner Tag!

## *Beim Anwalt*

Schon der nächste Tag brachte einen Umschwung.

Hamid hatte einen Termin beim Anwalt und wollte mich und eine Dolmetscherin mitnehmen. Von ihr hatte ich schon gehört; sie hatte Hamid ein Persisch-Wörterbuch geschenkt.

Ich war früh losgefahren, um ja nicht zu spät zu kommen. Aber es wurde chaotisch, weil ich beim Umsteigen in eine U-Bahn stieg, die in die falsche Richtung fuhr, und, endlich am Ziel angekommen, suchte ich die Hausnummer des Anwaltsbüros auf der falschen Straßenseite und wieder in der falschen Richtung, so dass ich mich fast eine halbe Stunde verspätete. Die Dolmetscherin, die Uhrzeit und Hausnummer am Telefon falsch verstanden hatte, kam noch später und fand erst mit Hilfe eines Handy-Anrufs zu uns. Hamid war als einziger pünktlich. Zum Glück hatte der Anwalt viel zu tun und konnte sich uns erst später widmen, und Hamid wunderte sich nicht.

Leider konnte uns der Anwalt nicht viel Hoffnung machen. Wenn auch viele zuverlässige Quellen die Verschlechterung der Sicherheitslage in Afghanistan und, nach vielen schlimmen Anschlägen, die Gefährdung der Zivilbevölkerung, besonders der Hazara, belegen, so entscheiden die Richter auf Grund der Quellen des Auswärtigen Amtes, die besagen, dass Afghanistan ein, zumindest teilweise, sicheres Land sei. Die Gerichtsverhandlung, die Hamid zu erwarten hat, kann noch in diesem Jahr oder erst in fünf Monaten stattfinden.

Wir mussten noch klären, welche von zwei Tazkiras mit unterschiedlichem Geburtsjahr die richtige war. Ich fragte, ob es denn keine Geburtsurkunden gibt in Afghanistan. Ja, sagte die Dolmetscherin, aber viele Menschen legen keinen Wert darauf, denn sie brauchen sie nicht. Wichtig ist, dass man viele Kinder hat und sie gesund sind, sagte sie; wann sie geboren wurden, braucht man sich nicht zu merken.

Ich ließ mir noch einige Ausdrücke des Ausländerrechts erklären, zum Beispiel subsidiärer Schutz (den

Hamid nicht hat), Konventionsflüchtling (hat nichts mit der Genfer Flüchtlingskonvention zu tun) oder Duldung (kann man nach der Ablehnung des Asylantrags erhalten, wenn man Glück hat).

Zum Schluss gab der Anwalt Hamid den Rat, das Protokoll seiner ersten Anhörung genau durchzulesen, um sich auf die Gerichtsverhandlung vorzubereiten. Hamid nahm sich vor, am nächsten Tag zu Javad zu gehen, um sich das Protokoll der Anhörung übersetzen zu lassen. Er war aber nicht bei Javad und auch nicht bei mir. Er schrieb mir nur kurz vor Mitternacht eine E-Mail: »Ich bin sehr traurig. Du weißt, warum ich traurig bin.« Und: »Ich habe Angst. Die Taliban werden mir anschlagen.«

## *Schüchternheit*

Der erste Schnee des Winters brachte am nächsten Tag Entspannung, und für Hamid gab es Ablenkung, weil ihn junge Leute zu einer Party eingeladen hatten. Die Gruppe nennt sich »Heimaten«; es gab alkoholfreie Getränke, Musik und Tanz, aber die Gespräche haben sich wohl auf das Fragen nach den Namen beschränkt, denn Hamid wusste nicht, was er sagen sollte.

In solchen Situationen ist Hamid immer schüchtern. In seiner Schule muss man die Freistunde immer in der Pausenhalle verbringen. Einmal saßen Mädchen auf einer Bank neben ihm. Er hatte Angst, denn er wusste nicht, was er zu ihnen sagen sollte. Hamid hat noch nie in Deutschland mit Mädchen gesprochen und würde das gerne tun.

## *Frauen II: Sahar*

Im Iran hatte Hamid eine afghanische Freundin, Sahar. Er erzählte nicht viel von ihr. Einmal sollte er mitkommen zu einer Parkbank, wo sie ihm ein Geschenk überreichte. Es war ein Päckchen, in dem sich eine silberne Kette mit einem herzförmigen Anhänger befand, auf dem *Allah* stand. Sie wollte ihn im Iran halten, aber er war überzeugt, dass er dort keine Zukunft hätte. Sie ging nicht mit nach Europa und versprach, auf ihn zu warten. Das verlangte er nicht und sagte, sie könne einen anderen Mann heiraten, wenn sie einen netten findet. Aber das kam für sie nicht in Frage. Sie sagte, sie liebe nur ihn.

Wie die Liebesgeschichte weiterging, erfuhr ich später einmal. Die Silberkette ging verloren; sie wurde in einem deutschen Flüchtlingsheim aus einem Fach von Hamid gestohlen. Was aber noch schlimmer ist: Die Handy-Nummer von Sahar besitzt Hamid nicht mehr. Ein großes Missgeschick ist ihm passiert. Sein Handy, das er immer in der Hosentasche trägt, vergaß er einmal dort und beförderte es mit den Jeans in die Waschmaschine. Es war nicht mehr zu gebrauchen, und alle darauf gespeicherten Daten waren weg.

Es gab eine gemeinsame Bekannte im Iran, die Hamid einmal anrief. Sie fragte ihn, ob er Sahar noch liebe. Er sagte ja. Dann teilte sie ihm mit, dass Sahar in eine andere Stadt gezogen sei und ihre Adresse dort ihr unbekannt war. Auch ihre Handy-Nummer konnte Hamid nicht erfahren.

## *Antwort auf eine Todesnachricht*

Ein paar Tage nach dem Anwaltsbesuch wirkte Hamid relativ unbeschwert. Vielleicht lag das auch an einer E-Mail, in der ich ihm von einem Zeitungsartikel berichtet hatte, in dem stand, dass derzeit den meisten Afghanen subsidiärer Schutz gewährt wird. Inzwischen wusste ich, dass das nicht stimmt – es trifft nur auf Familien zu. Ich sagte es nicht, denn ich wollte ihn nicht beunruhigen.

Als wir einmal abends lernten, verließ ich für eine Weile das Arbeitszimmer, um etwas in der Küche zu suchen. Später kam Hamid nach, mit todernstem Gesicht. Er zeigte mir ein Foto auf seinem Handy, das ich nicht gut sehen konnte, weil meine Brille im Arbeitszimmer lag. »Das ist mein Freund«, sagte er, und nannte dann seinen Namen, Abed. Ich dachte an Freunde in München, fragte aber nicht nach. »Er ist gestorben«, sagte er, und nun wurde mir klar, dass es sich um einen Freund handeln musste, der zu Hause geblieben war. Zu Hause war er nun im Iran gewesen, wo er zusammen mit Hamid gearbeitet hatte, vier Jahre lang. Er stammte aus demselben Dorf in Afghanistan wie Hamid und war mit ihm in den Iran gegangen. Sie hatten viel Spaß zusammen gehabt; nun war Abed in Syrien gestorben, wo er gekämpft hatte, wie Hamid. Das hatte Hamid gerade auf Facebook gelesen. Unter die Meldung schrieb Hamid einen Kommentar: »Ich glaube nicht, dass er gestorben ist.« Aber man kann sich wohl gegen die Realität nicht auflehnen.

Danach erzählte er mir noch lustige Geschichten von Abed, als ob nichts passiert wäre. Abed liebte die Tochter einer Tante von Hamid, die auch im Iran lebte. Er schickte Hamid immer zu ihr, um ihr Botschaften zu überbringen, und wollte sie gerne heiraten. Aber zuerst musste man wissen, ob sie ihn auch mochte, und das sollte Hamid in Erfahrung bringen. Schließlich erhielt sie die Handy-Nummer von Abed und schrieb ihm gleich eine SMS. Es wurde auch telefoniert; manchmal musste das Mädchen ganz leise sprechen, wenn die Tante sich in der Nähe aufhielt. Sobald die Tante aus dem Haus war, wurden die Telefonate munterer und brachen oft abrupt ab, wenn sie zurückkam.

Hamid erinnerte sich, dass das Mädchen ihn einmal anrief und fragte, warum das Handy ihres Freundes abgeschaltet sei. Hamid sagte, vielleicht müsse er arbeiten. Aber sie gab keine Ruhe und sagte, sie mache sich große Sorgen. Hamid antwortete, dass er sich keine Sorgen mache; ihm sei das egal. Traurig gab das Mädchen auf. Die ganze Zeit über hatte Abed neben Hamid gesessen und alles mitgehört; nun mussten die beiden Freunde lachen. Abed wollte nur wissen, ob sie ihn wirklich liebte.

Bevor ich schlafen ging, schaute ich noch einmal aus dem Fenster. Die Autos unten auf der Straße hatten weiße Dächer und Windschutzscheiben. Schnee! Jetzt, wo er im Dunkeln lag, wirkte der Schnee, der so beruhigend ist, wenn er fällt, eher als Zeichen für den Tod.

Und das Mädchen, was wurde aus ihm? Ein halbes Jahr später fragte ich Hamid nach ihr, seiner Cousine. Etwas Gutes war nicht zu erwarten. Von seiner Schwester, die im Iran lebt, hatte Hamid erfahren, dass sie rauschgiftsüchtig geworden ist.

## *Der höfliche Afghane*

Hamid kam wieder einmal zu spät zu meinem Deutschunterricht und erklärte es damit, dass ein Freund aus seinem früheren Heim ihn besucht hatte. Es war sein früherer Zimmerkollege. Ich erfuhr, dass dieser schon ein paarmal Probleme mit der Polizei gehabt hatte. Einmal hatte er sich mit seinem Betreuer gestritten und war handgreiflich geworden. Diesmal hatte er ein Fenster eingeschlagen, mit der bloßen Hand. Ich war entsetzt und dachte, dass solche Leute es verdient hätten, abgeschoben zu werden.

Am nächsten Tag war Hamid bei Javad angemeldet, im Flüchtlingsrat. Ich wollte zu Beginn der Beratung Javad einige Fragen stellen und mich dann verabschieden. Auf dem Weg zu Javads Büro bemerkte ich, dass uns ein junger Mann folgte. Es stellte sich heraus, dass es ein Freund von Hamid war, der ebenfalls Javad seine Probleme vortragen wollte. Ich ließ die beiden bald im Büro des Flüchtlingsrats zurück und machte einen Spaziergang auf einem nahegelegenen alten Friedhof. Danach rechnete ich mir aus, dass das Gespräch der beiden mit Javad jetzt beendet sein müsse und ich Hamid vielleicht in dem Büro antreffen könnte. Er war schon gegangen, aber der Freund kam gerade aus dem Gebäude und begleitete mich zum Heim. Er machte einen angenehmen Eindruck, fragte mich freundlich nach meinem Namen und unterhielt sich weiter mit mir, wobei mir seine Höflichkeit auffiel. Ich dachte, dass sich Hamid ein Beispiel an ihm nehmen könne. Ich traf dann Hamid und sagte zu ihm, als der andere sich verabschiedet hatte: »Dein Freund hat mir gefallen. Er hat ein sehr gutes Benehmen.« Hamid antwortete, dass es der sei, von dem er mir am Tag zuvor erzählt hatte, dass er in seinem Heim ein Fenster eingeschlagen hatte.

Man ist nie mit seinem Urteil über andere fertig, aber ein Richter am Verwaltungsgericht muss 30 Mal am Tag ein Urteil über Asylbewerber fällen.

## *Frau Fuchs, wie geht es dir?*

Das hätte Hamid schon wissen müssen, dass man seine Berufsschullehrerin nicht duzt und dass man ihr nicht aus nichtigem Anlass E-Mails schreibt. Er zeigte mir einmal auf dem Handy sein Schreiben an die Lehrerin und ihre Antwort, und ich war etwas befremdet über sein unangemessenes Verhalten. Seine E-Mail begann mit: »Frau Fuchs, wie geht es dir?«

Frau Fuchs ist eine Lehrerin, die Hamid in Deutsch und EDV unterrichtet. Ich kenne sie, weil ich im November einmal an einer Informationsveranstaltung teilgenommen habe, die eigentlich nur für Betreuer, Erziehungsberechtigte und Vormünder vorgesehen war. Aber niemand war über meine Anwesenheit verwundert; im Gegenteil, die Lehrer dankten mir, dass ich gekommen war.

Die Berufsschule, die Hamid besucht, hat eine Berufsintegrationsklasse, in der nur Flüchtlinge unterrichtet werden. Sie alle wurden der »Städtischen Berufsschule für das Bäcker- und Konditorenhandwerk« zugewiesen, was den Vorteil hat, dass man auch das Kochen und Backen europäischer Speisen lernt und am Schluss dieser

Unterrichtsstunden Gutes essen kann. Es bedeutet aber nicht, dass man später eine Ausbildung zum Bäcker machen muss. Welche Möglichkeiten der Ausbildung bestehen, wird in einem Fach gelehrt, das sich »Berufsorientierung« nennt. Aber das wichtigste Fach ist natürlich Deutsch, und über die Leistungen von Hamid habe ich von Frau Fuchs nicht gerade Erfreuliches gehört. Es war nicht anders zu erwarten, denn die Klassenkameraden hatten etwa ein Jahr länger Deutschkurse besucht als Hamid, und deren Vorsprung konnte er noch nicht aufholen.

Was den Wortschatz betrifft, so lernten sie mehr als im Deutschunterricht in einem anderen Fach, Ethik. Jedenfalls war das mein Eindruck, nachdem ich die Listen mit Vokabeln gelesen hatte, die ihnen im Ethikunterricht vermittelt wurden. Die Aufgaben, die den Schülern gestellt wurden, waren anspruchsvoll, zum Beispiel auf Deutsch die Bedeutung von »ausgeglichen«, »rücksichtsvoll« oder »aufgeschlossen« zu erklären. Aus einer Liste von drei DIN-A-4-Seiten sollten die Schüler die Eigenschaften suchen, die sie sich bei ihren Partnern wünschten oder die sie ablehnen würden. Davon will ich nur wenige Beispiele nennen: ausdauernd, besonnen, geltungsbedürftig, gehässig, bescheiden, misstrauisch, mitfühlend, nachdenklich, nachtragend, taktvoll, tolerant, überheblich, voreingenommen, treu. Bei dieser Aufgabe wird sicher auch das Nachdenken der Schüler über das eigene Verhalten befördert, das über das bloße Befolgen von Höflichkeitsregeln hinausgeht.

*Oder nein?*

Hamid lernt nicht gerne mit Büchern. Er liebt sein Handy. Selbst im Unterricht bei mir liegt das Handy auf dem Tisch, um die persische Übersetzung von Wörtern zu finden, die er nicht versteht. Er hat nicht die Geduld, meine deutsche Erklärung der Wörter anzuhören und ihre Bedeutung selbst herauszufinden, und hat große Mühe, in einem Wörterbuch die richtige Stelle zu finden. Ich sehe aber das Handy nicht gern neben dem Deutschbuch, weil dann der Unterricht auch durch eingehende Anrufe oder SMS-Botschaften unterbrochen werden kann. Im Internet findet man einen »Handy-Knigge«, der Regeln enthält, die ich eigentlich für selbstverständlich gehalten hätte. Während man sich mit einer anderen Person unterhält, soll man das Handy nicht auf den Tisch legen, denn das signalisiert dem Gesprächspartner, dass ein eingehender Anruf wichtiger ist als er / sie. Das Handy soll man auf lautlos stellen. Hat man es vergessen, entschuldigt man sich, wenn es läutet, und stellt es sofort auf leise, ohne das Gespräch entgegenzunehmen. Auch wenn man eine SMS-Botschaft erhält, darf man den Blick nicht auf das Handy richten und sollte das Lesen auf später verschieben. All diese Regeln hält Hamid nicht ein, und ich versuche nach und nach, ihn von seinen schlechten Gewohnheiten abzubringen.

Aber ich warne Hamid auch davor, das Handy ständig zu benutzen, wenn er allein ist. Als Mittel zum Deutschlernen habe ich gegen das Handy meine Vorbehalte. Erstens glaube ich, dass es der Konzentration dient, ruhig und lange auf Wörter in einem Buch zu blicken, anstatt ständig wechselnde und sich bewegende Bilder anzuschauen. Hamid zieht Movies auf YouTube seinem Deutschbuch vor. Wahrscheinlich sind sie für ihn weniger langweilig. Aber Lernen kann nicht immer unterhaltsam sein, sagte ich ihm. Und dann habe ich noch einen wichtigen Einwand gegen die YouTube-Movies: Sie sind unzuverlässig, weil sie nicht überprüft werden und deshalb auch Fehler enthalten. Ich habe nur kurze Ausschnitte gesehen, aber darin schon genügend Fehlerhaftes entdeckt. Zum Beispiel wurde mehrfach ein Satz vorgesprochen, in dem »ohne dir« vorkam. Als ich das Hamid sagte, um ihn von der Fragwürdigkeit seiner Lernmethode zu überzeugen, meinte er: »Das macht nichts. Ich lerne Ausländer-Deutsch« und lachte. Ich bestehe jedoch darauf, dass er richtiges Deutsch lernt.

Allerdings muss ich gestehen: Manchmal korrigiere ich seine Fehler nicht. Ausländer-Deutsch oder wie man es nennen mag, kann auch seinen Charme haben. So gefällt es mir zum Beispiel, wenn er fragt: »Habe ich das richtig geschrieben – oder nein?«

### *Der Skiausflug*

Wenn Hamid zu mir kommt und, statt sich auf den Deutschunterricht einzustellen, erst einmal lange auf seinem Smartphone hantiert, werde ich immer ungeduldig und ärgerlich. An einem Tag im Dezember tat er das, und ich hatte schon mit meinen Ermahnungen begonnen, als er mir das Handy reichte und mich auf Sänger hinwies, deren afghanische Musik ich hören sollte. Nun fiel mir auch ein, warum er das wohl gerade jetzt tat. Der Anlass war sicher eine Einladung ein paar Tage zuvor, zu der er auch gekommen war, wo einer der von mir geladenen Gäste sang und Gitarre spielte. Nun wollte er mir zeigen, dass er auch mit Musikern befreundet war. Sie lebten nun im Iran, in der Schweiz und in Österreich und gaben dort manchmal Konzerte. Hamid hörte viel afghanische Musik und würde gerne ein Instrument lernen, am liebsten Piano. Er hat die langen Finger eines Pianisten, aber ein Piano wird er so bald nicht besitzen. Daran ist nicht zu denken.

An einem der folgenden Tage wurde ich noch misstrauischer, als er auf dem Handy etwas suchte und es mir dann zu lesen gab. Es war ein Schreiben der Gruppe »Heimaten«, die ihn einmal zu einer Party eingeladen hatten. Nun war es die Einladung für ein ganzes Wochenende, und zwar sollte demnächst ein Skiausflug stattfinden. Ich reagierte ablehnend, denn eine Skiausrüstung konnte sich Hamid nicht leisten. Skifahren ist ein teurer Luxus, dachte ich, und andere Dinge braucht Hamid nötiger. Außerdem fehlten ihm Vorkenntnisse beim Skifahren.

Hamid aber war begeistert und wollte unbedingt teilnehmen. Deshalb beschloss ich, mit Lisa, der neuen Leiterin der Sozialberatung in seinem Heim, zu reden, die ich für sehr vernünftig hielt und die ihm die verrückte Idee schon austreiben würde. Ich fragte sie also, was sie davon hielt, dass Hamid am Wochenende zum Skifahren gehen wollte, ohne jemals auf Skiern gestanden zu haben. Ihre Antwort war: »Ich bin Skilehrerin. Ich bin immer für das Skifahren.« Nun musste ich mich geschlagen geben.

Ganz erleichtert war ich erst, als der Ausflug vorbei war und ich erfuhr, dass alles glatt und erfreulich verlaufen war. Hamid traf sich am Freitag nach der Schule mit den anderen Teilnehmern, die dann mit drei Privatautos nach L. gebracht wurden. Dort fuhren sie mit einer Gondel auf einen Berg und marschierten dann zu einer Hütte, wo sie kochen und übernachten konnten. Am nächsten Tag genossen sie den Schnee, allerdings nicht auf Skiern, sondern, wie ich später auf Fotos sah, auf Schneeschuhen, und nicht in modischer Sportkleidung, sondern in Jeans, Anorak, und darunter zwei Pullovern übereinander. Schnee- und Wanderschuhe wurden ihnen geliehen. Es müssen glückliche Tage gewesen sein. Meine Bedenken waren wieder einmal unangebracht.

## *Herbergssuche*

Es war Weihnachten, und ich war am Heiligen Abend bei Freunden eingeladen. Als ich nach Hause kam, um kurz darauf zur Christmette zu gehen, stand Hamid vor der Haustür. Er wollte mich etwas fragen und erklärte mir sein Anliegen erst, als wir schon meine Wohnung erreicht hatten. Das Problem lag darin, dass in ein paar Tagen ein Freund von ihm, der im Harz wohnte, in unsere Stadt kommen und bei einem Onkel wohnen sollte. Der Onkel war jedoch am ersten Tag noch nicht da, und im Heim von Hamid dürfen Besucher nicht übernachten. Verlegen und zögernd bat Hamid um eine Übernachtungsmöglichkeit für seinen Freund. Es handelte sich also um eine Herbergssuche, und da diese ein weihnachtliches Motiv ist und wir schon als Kinder lernten, Mitleid zu empfinden mit dem biblischen Paar, das an den Türen Bethlehems abgewiesen wird, konnte ich nicht nein sagen. Ich fragte aber noch, ob der Freund nett sei, und erhielt die Antwort, die zu erwarten war.

Da meine Kirche und die U-Bahn-Station, die das Ziel von Hamid war, beieinander lagen, gingen wir zusammen, und mir fiel ein, dass Hamid sich ja einmal ansehen könnte, wie eine christliche Kirche von innen aussieht und was dort passiert. Die Mette sollte gerade beginnen. Hamid meinte, er habe keine Zeit, aber ich wandte ein, er könne ja gleich wieder gehen. Ich blieb mit ihm hinten stehen und wunderte mich, dass er so lange nicht ging. Später erfuhr ich, dass er sich nicht getraute, wieder hinauszugehen, und es erst tat, nachdem ich ihn dazu aufgefordert hatte. Bemerkenswert fand er an den Feierlichkeiten nicht die gregorianischen Gesänge, sondern die kleinen Mädchen unter den Ministranten, die bei der Einzugsprozession in langen, rot-weißen, flatternden Gewändern dahineilten, um den Großen, die würdevoll schritten, folgen zu können.

Wahrscheinlich war er froh, dass ihn niemand von seinen Bekannten in einer Kirche gesehen hatte, denn das würde den Verdacht aufkommen lassen, dass er sich vom Islam abwerben lässt. Als ihm einmal jemand sagte, er solle Christ werden, um der Abschiebung zu entgehen, war er empört. Hamid ist kein glühender Moslem, aber er nimmt die Religion doch so ernst, dass er nicht ein falsches Spiel damit treiben möchte.

Ein paar Tage später wurde der Gast, Sajed, der abends um 22 Uhr mit dem Bus ankam, von Hamid am Busbahnhof abgeholt und zu mir gebracht. Ich entschied schon beim ersten Anblick, dass es sich um einen sehr sympathischen jungen Menschen handelte. Nach einigen freundlichen Worten und ohne noch Nahrung zu sich zu nehmen, legte er sich gleich in meinem Arbeitszimmer schlafen. Am nächsten Morgen wollte er allein spazieren gehen, weil Hamid am Sozialamt das monatlich ihm zustehende Geld abholen musste. Das Wetter war schön – Schnee, Sonne, klare Luft – und so beschloss ich, mich Sajed anzuschließen. Ich erzählte ihm etwas von der Geschichte dieser Stadt und erfuhr auch von ihm einiges. Er stammte aus demselben Dorf wie Hamid, sein Vater arbeitet jetzt im Iran. Wie er sagte, muss sein Vater Brunnen ausheben, wobei man mit großer Vorsicht arbeiten muss. Es ist, neben der körperlichen Belastung, eine lebensgefährliche Tätigkeit. Wände können einstürzen, ein elektrischer Schlag bedeutet bei der Arbeit im Wasser den Tod. Ich fragte, ob es nicht eine andere Arbeit gebe, eine weniger gefährliche. Nicht für Afghanen, sagte Sajed.

### *Wut auf Hamid*

An einem der letzten Tage des Jahres habe ich mich sehr über Hamid geärgert. Er hatte mir eine Einladung gezeigt für einen Ausflug zu Filmstudios, den man für die Heimbewohner organisiert hatte. Ich hatte ihm dringend abgeraten mitzufahren, denn er braucht in den Ferien keinen Zeitvertreib, sondern müsste dringend Deutsch lernen. Seine Lehrerin hatte mir gesagt, er solle in den Weihnachtsferien einen Intensivkurs machen mit täglich drei Stunden Unterricht, um das Niveau der anderen in seiner Klasse zu erreichen. Ich hielt zwar nicht den Kurs, aber doch das Lernen für unbedingt nötig an den schulfreien Tagen. Die Besichtigung von Filmkulissen und -requisiten halte ich für reine Zeitverschwendung, abgesehen davon, dass ich sie langweilig finde. Er hörte nicht auf mich und folgte der Einladung. Nicht nur für das Lernen, auch für Sajed hatte er dagegen keine Zeit.

Ich tat etwas, das Bertolt Brecht einmal sehr gut dargestellt hatte: Ich hielt halblaute Selbstgespräche, oder besser gesagt Dialoge, in denen ich nur meinen Part sprach und in denen ich dem Angesprochenen, Hamid, heftige Vorwürfe machte, wobei ich die Gespräche mit immer eindringlicheren und wütenderen Formulierungen wiederholte.

In *Furcht und Elend des Dritten Reiches* von Bertolt Brecht, in der Szene *Die jüdische Frau*, führt die Protagonistin imaginierte Gespräche mit ihrem noch abwesenden Mann, den sie scharf zur Rede stellt, wobei vom ersten bis zum dritten Versuch die Vorwürfe immer erbitterter werden, immer unversöhnlicher und zorniger, bis schließlich ihr Mann erscheint. Nun schlägt ihre Haltung um, ihr Ton wird sanft, ihr Widerspruch erstickt.

Ähnlich ging es mir. Am nächsten Tag war mein Ärger weg. Die eingeübten Reden wurden nie gehalten. Hamid kam und schaute sehr ernst aus. Auf meine Frage, wie es ihm gehe, antwortete er: »Nicht gut.« Dann erzählte er, dass er mit seiner Schwester telefoniert hatte. Das Problem war seine Mutter. Der Vater hatte sie wiederholt geschlagen und sie aufgefordert, sein Haus zu verlassen. Die Schwester, die gerade eine Ausbildung in der Türkei machte, kehrte nach Kabul zurück. Sie bot der Mutter an, bei ihr in Kabul zu wohnen, und wollte eventuell eine eigene Wohnung für sie suchen. Hamid wusste auch nicht, wie der Vater allein zurechtkommen solle. Jetzt lebte die Mutter wohl noch bei ihrem Mann. Hamid war ganz aufgewühlt und fragte sich, ob er auch nach Afghanistan zurückkehren solle. Aber er will nicht. Manchmal hat er den Kopf zur Seite gedreht und die Hand vor die Augen gehalten; ich glaube, er hat geweint.

## Sorgeneltern

»Warum muss ich mich immer um die Probleme meiner Eltern kümmern? Ich habe genug eigene«, sagte Hamid. Er musste dringend seinen Vater anrufen. Wie sollte er allein leben, mit nur einer Hand, ohne Erfahrung im Haushalt? Die Mutter musste nach Kabul fahren, um einen Arzt aufzusuchen. Der Vater hatte einmal eine kleine Axt auf sie geworfen, die sie am Kopf getroffen hat und etwa zwei Zentimeter eingedrungen ist. Seitdem hat sie immer Kopfschmerzen. Das sind nicht ihre einzigen Sorgen. Hamid muss immer wieder anhören, sie habe doch Kinder geboren, damit sie später einmal Hilfe hat, und nun ist keines ihrer Kinder bei ihr, bis auf den kleinsten.

Der Vater hat sich entschuldigt. Er sagt jetzt immer, es tue ihm leid, dass er ihr das angetan hat, aber es nützt nichts. Jetzt ist es zu spät. Es ist geschehen und kann nicht rückgängig gemacht werden, wie mit seiner Hand, sagte Hamid.

## Großmutters Katze

Im Januar haben wir wieder öfter gelernt, und Hamid ließ manchmal sein Schulheft bis zum nächsten Tag bei mir. Das Heft war schwer; Hamid war nicht meinem Rat gefolgt, sich dünne DIN-A-5 Hefte zu kaufen, und benutzte stattdessen ein dickes und doppelt so großes Heft. Wenn es auf meinem Schreibtisch lag, blickte mich immer vom Umschlag eine Katze an, deren Kopf dort groß abgebildet war.

Einmal fragte ich Hamid, ob er Katzen denn sehr liebe. Er zeigte keine übertriebene Begeisterung für sie, aber mochte sie ganz gern. Dann erzählte er. Als er ein Kind war, lebte seine Großmutter in seinem Elternhaus, die eine Katze hatte. Er nahm keine besondere Notiz von ihr, aber am Abend, als er schlafen gehen wollte, war sie dann plötzlich in seinem Zimmer. Als er sich zugedeckt hatte, kroch sie nach einer Weile zu ihm ins Bett. Er verscheuchte sie und sie miaute laut. Am Morgen, als er aufwachte, wunderte er sich, was da an seiner Brust so warm war. Die Katze lag wieder da, war wieder unter seine Decke gekrochen.

Wenn mein Blick auf Hamids Schulheft auf meinem Schreibtisch fiel, verwandelte sich mein Arbeitszimmer in einen Raum des Elternhauses von Hamid, wo mich die Katze der Großmutter anschaute. Es war kein niedliches Kätzchen, sondern eine Katze mit forschendem, durchdringendem, fast hypnotisierendem Blick.

## *Verzögertes Lernen*

Hamid kam zum Lernen, wollte sich aber zuerst eine Flasche Milch bei Edeka kaufen. Ich hatte ihm eine Marke besonders empfohlen, wunderte mich aber, denn er hatte erst vor zwei Tagen eine Flasche gekauft. Ich fragte, ob er sie schon ausgetrunken habe. Nein, sagte er; als er damit heimkam, fragte ihn der alte Mann, ob er ihm etwas Milch geben könne, er habe keine mehr. Er hat dann die ganze Flasche genommen und »danke« gesagt.

Beim Lernen geht es oft sehr langsam vorwärts, weil Hamid viele Wörter im Lexikon nachschlägt und weil manche Wörter ihm Anlass zu Kommentaren geben, die für mich interessant sind. Er verstand zum Beispiel das Wort »bauen« nicht. Ich erklärte, dass man ein Haus bauen kann, und erfuhr, dass sein Vater das Haus der Familie selbst gebaut hatte. Man kann auch Getreide anbauen, sagte ich. Sein Vater hatte nicht nur das Getreide angebaut, sondern es auch gemahlen. Die Mutter hatte dann davon selbst Brot gebacken. Jede Frau in seinem Dorf musste kochen, Brot backen, melken und Kleider nähen können. Nach dieser Abschweifung wendeten wir uns wieder dem Lehrbuch zu.

Unser Deutschunterricht beginnt nicht immer zur vorgesehenen Zeit. Hamid verspätet sich manchmal, nicht nur, weil er müde war und sich nach der Schule erst ausruhen wollte. An einem Tag, als er erschöpft von der Berufsschule kam und sich etwas niederlegen wollte, wartete der Freund aus G. auf ihn. Er fragte, wo er einen Regenschutz für seinen Kinderwagen kaufen könne, was Hamid natürlich nicht wusste. Er fragte Meseret und musste den Freund dann beim Einkaufen begleiten. Als er zum Unterricht eintraf, wusste ich nicht, ob ich seine Unpünktlichkeit tadeln oder seine Hilfsbereitschaft loben sollte.

Das Lösen von Aufgaben in der Schule verzögert sich manchmal, weil Hamid zu genau ist. Er will bei Textaufgaben in Mathematik oder Geometrie jedes Wort verstehen, bevor er mit dem Rechnen beginnt. So kann es vorkommen, dass er noch nicht mit der Rechnung begonnen hat, wenn die Arbeitszeit schon zu Ende ist. Ich versuche ihm immer zu erklären, dass das Nachschlagen oft überflüssig ist. Einmal bestand die Aufgabe darin, die Fläche einer bestimmten geometrischen Figur zu berechnen. Er suchte das Wort »Figur« im Lexikon und fand verschiedene Bedeutungen, von denen keine passte. Er hätte auf das Nachschlagen und das lange Überlegen verzichten können, denn zur Aufgabe gehörte eine Abbildung, und von dem dort Gezeigten sollte er natürlich die Fläche berechnen; die Bezeichnung »Figur« spielte also keine Rolle.

Manchmal gibt es beim Lernen zu Hause oder beim Arbeiten in der Schule nicht nur Verzögerungen, sondern Blockaden. Einmal hatte er bei einem Test in Mathematik große Schwierigkeiten bei Aufgaben, die er am Tag zuvor leicht gelöst hatte. Der Grund war nicht Aufregung in der Prüfungssituation, sondern etwas Beunruhigendes, das er gehört hatte und das ihm nicht aus dem Kopf ging. Sein Banknachbar in der Schule war es, der die Angst ausgelöst hatte. Er hatte einen Abschiebebescheid erhalten, ohne dass es zu einer zweiten Anhörung gekommen wäre. Also war das auch bei Hamid möglich, womit er nicht gerechnet hatte. Vom nächsten Tag an war sein Banknachbar nicht mehr in der Schule.

## *Begegnungen*

An einem Tag im Januar hatte Hamid ein merkwürdiges Erlebnis und erzählte mir davon. Als er auf dem Heimweg war und an der roten Fußgängerampel stand, bemerkte er schon einen Mann hinter sich. Später, vor dem Tor seiner Unterkunft, sprach der Mann ihn an und fragte, ob er ein Ausländer sei und ob dies ein Flüchtlingsheim sei. Hamid gab ihm die wohl von ihm erwartete Antwort. Darauf sagte der Mann, wenn er einmal Hilfe brauche, könne er sich an ihn wenden. Hamid antwortete, er wisse doch seine Adresse nicht. Der Mann gab ihm seine Handynummer. Hamid war wohl zu überrascht, um sich gebührend zu bedanken.

Etwas später erfuhr ich von Hamid, dass es auch das Gegenstück zu dieser Begegnung gab. Es war in einer ohnehin sehr unfreundlichen U-Bahn-Station, als ein vermutlich angetrunkener Mann mit einer Bierflasche in der Hand auf ihn zukam und nach ihm schlug. Von solchen meist ausländerfeindlichen Angriffen hört man oft, und Hamid sollte abends oder nachts das Betreten dieser U-Bahn-Station vermeiden. Aber solche feindseligen Begegnungen sind leichter zu verschmerzen, wenn man zuvor eine sehr erfreuliche Begegnung erlebt hat.

## *Die Demo*

Am 23. Januar fand eine Demonstration gegen Abschiebungen nach Afghanistan statt, zu der uns Javad eingeladen hatte. Er selbst konnte nicht kommen, weil er vor einer Prüfung stand. Anlass war ein bevorstehender Abschiebeflug nach Afghanistan. In Baden-Württemberg hatte die Polizei einen der Betroffenen in der Schule abgeholt; aus Angst vor einer Wiederholung des Vorgangs hatten sich die übrigen Afghanen dann nicht mehr in die Schule getraut. Neben dem Bayerischen Flüchtlingsrat hatten wohl andere, weniger seriöse Gruppen zu der Demo aufgerufen. Trotzdem war es ein kleiner Haufen, der an einem Platz im Zentrum mit kaum eindrucksvollen Transparenten um die Sprecher herumstand und unter den vielen Käufern und zur U-Bahn eilenden Berufspendlern fast verschwand. Das hat eine Sprecherin nicht daran gehindert, durch den scheppernden Lautsprecher zu verkünden, sie freue sich, dass die Teilnehmer so zahlreich erschienen seien. Die Rede, die der Vorsitzende des Bayrischen Flüchtlingsrats hielt, war gut; danach folgte eine Dame, die offensichtlich nicht so mit dem Mikrophon umgehen konnte, dass man sie verstand; und dann begann ein Zug sich in Bewegung zu setzen. Die Parolen, die dabei von einigen Deutschen gebrüllt wurden, waren dumm und abstoßend: »De Maizière und Angela – nächster Flug nach Kandahar« und »No border, no nation – stop deportation«. Staaten und Grenzen abzuschaffen wird auch bei den meisten Staatsbürgern, die sich für Flüchtlinge einsetzen, nicht gut ankommen. Gegen einen anderen Slogan hätte ich vielleicht nichts einzuwenden gehabt, wenn er in etwas verminderter Lautstärke skandiert worden wäre: »Say it loud, say it clear – refugees are welcome here.«

Zum Glück hatte ich noch vor dem Abmarsch Hamid getroffen, der mir seinen afghanischen Freund Dawood vorstellte, einen hübschen, hochgewachsenen jungen Mann. Mit ihm, dessen Bruder und einer sympathischen deutschen Lehrerin unterhielten wir uns freundlich und schenkten dem aggressiven Schreien um uns herum keine Aufmerksamkeit. Ich ging vor Schluss der Veranstaltung, Hamid und seine Freunde noch vor mir. Ich hörte gerade noch, dass jeder, der wollte, ans Mikrofon kommen durfte, was zu endlosen Reden führen konnte, deren erste ich mir lange und gelangweilt und nicht bis zum Schluss anhörte. Meine Lehre daraus war: Nie wieder zu einer Demo gehen!

## *Die Verlassenen*

Wegen eines Termins beim Sozialamt, bei dem er zwei Stunden warten musste, kam Hamid wieder einmal müde an. Er musste vor unserem Unterricht noch einkaufen gehen und erzählte mir etwas, das ihn bewegt hatte. Eine alte Frau war mit zwei Plastiktüten unterwegs und stürzte, wobei die Flaschen in den Tüten zerbrachen und der sonstige Inhalt der Tüten mit den Scherben auf der Straße lag. Hamid half der Frau auf und sammelte die verstreuten Sachen ein. Was ihn aber danach beschäftigte, war die Frage, warum in Deutschland so viele alte Leute allein leben. Er fragte mich dann, warum die Alten allein für sich sorgen müssen. In Afghanistan leben sie bei ihren Kindern oder bei anderen Verwandten. Ich sagte ihm, dass manche Menschen in Deutschland keine Verwandten haben. Das liegt nicht nur daran, dass es hier viele kinderlose Paare und viele Unverheiratete gibt. Dann erzählte ich ihm von einer Frau, für die ich manchmal einkaufen ging, als sie über 90 Jahre alt war. Sie hatte sehr jung geheiratet, und wenige Tage nach der Hochzeit wurde ihr Mann einberufen und musste nach Russland in den Krieg ziehen. Er kam nie zurück. Vielen Frauen ihrer Generation, deren Ehemänner im Krieg gefallen waren, ging es ähnlich; sie blieben ihr Leben lang allein. »Warum haben sie nicht wieder geheiratet?«, fragte Hamid. Es gab zu wenige Männer, sagte ich. »Wie jetzt in Afghanistan«, bemerkte Hamid.

Ich weiß nicht, ob er nur an die im Krieg getöteten Männer dachte oder auch an die meist jungen Männer, die, wie er, sich nach Europa aufgemacht hatten.

## *Frauen III: Die Nahestehenden*

Die Frau, die Hamid am meisten nahestand, war, wie man erwarten kann, seine Mutter. Gerade sie musste er in seiner Kindheit, während der ersten drei Schuljahre, entbehren, als er fern von ihr im Iran zur Schule ging. Er wohnte bei den Eltern seiner Mutter. Die Privatschule, die er besuchte, wurde von drei Geschwistern geleitet, die er in guter Erinnerung hat. Es war damals im Iran, wie auch in Afghanistan, üblich, die Kinder zu schlagen, wenn sie nicht fleißig oder nicht brav oder in ihren

Leistungen schwach waren. Hamid hatte immer Angst vor seiner Lehrerin. Einmal fragte sie ihn, warum er immer so traurig sei. Er antwortete: »Weil ich allein bin. Meine Mutter ist in Afghanistan.« Von da an hat die Lehrerin ihn nie mehr geschlagen, nie mehr getadelt, und ihm ab und zu Süßigkeiten geschenkt.

Die Lehrerinnen, denen Hamid sehr zugetan war, leben nicht mehr im Iran. Die Leiterin der Schule hat einen Zahnarzt geheiratet; alle drei sind nach Kanada gezogen; sonst weiß Hamid nichts von ihnen.

Von seiner Mutter ist Hamid nun ebenso weit entfernt wie von den drei Lehrerinnen. Aber er kann über seine Schwester Kontakt mit ihr halten. Er telefoniert manchmal mit seiner Mutter und hat sogar Fotos erhalten, die auf dem Handy seiner Schwester vor kurzem in Kabul aufgenommen wurden. Es war kein schöner Anlass, aus dem sie nach Kabul gekommen war, und man sieht es ihr auf dem Foto auch an.

Am 27. Januar war sie also in Kabul, wegen einer Röntgenaufnahme, um die Ursache ihrer ständigen Kopfschmerzen zu klären. An diesem Tag erfuhr Hamid im Internet, dass ein großer Anschlag der Taliban verübt worden war. In einem sprengstoffbeladenen Krankenwagen war ein Selbstmordattentäter der Taliban ins Hauptquartier der Polizei eingedrungen und hatte, wie man später erfuhr, über 100 Menschen getötet und über 200 verletzt. Die Schwester arbeitet bei der Polizei in Kabul. Hamid versuchte gleich Kontakt mit ihr herzustellen, aber sie war nicht online. Die Mutter konnte er ebenfalls nicht erreichen. Die Anspannung dauerte bis zum nächsten Tag, als er erfuhr, dass seine Schwester glücklicherweise in einem Außenbezirk von

Kabul eingesetzt worden war und es auch seiner Mutter gut ging.

Seine Schwester erlebt Ähnliches immer wieder: Einige Wochen später war sie als Polizistin in einem Saal, wo durch einen Anschlag 20 Personen getötet wurden.

## *Magenspiegelung*

Hamid musste wegen verschiedener Leiden immer wieder einmal einen Arzt aufsuchen. Das wäre nicht ohne Meseret möglich gewesen, die ihm den Arzt vermittelte und für ihn die Termine vereinbarte. Leider habe ich bei einem Besuch bemerkt, dass Hamid es ihr gegenüber an gutem Benehmen fehlen ließ, obwohl er doch immer betonte, wie gut er sich mit ihr verstand und dass sie viel Spaß zusammen hatten. Als wir in der Küche standen und Meseret etwa fünf Türen entfernt aus ihrem Zimmer trat, rief er laut nach ihr und winkte sie heran, statt sich selbst zu ihr zu begeben, um mit ihr zu reden. Das hat mir ebenso missfallen wie sein Verhalten, das ich an einem anderen Tag beobachtet hatte: Er klopfte bei ihr an, trat ins Zimmer ein, ohne ein Zeichen von ihr abzuwarten, und sprach sie dann sofort an, obwohl er sah, dass sie gerade mit Lisa in einem Gespräch war. Es ist natürlich unhöflich, ihnen ins Wort zu fallen. Ich erinnerte Hamid an das Blatt mit den Anstandsregeln, das ich für ihn zusammengestellt hatte. Zu seiner Entschuldigung gab er an, dass er das Blatt nicht mehr finden könne.

Als Hamid wegen seiner häufigen Bauchschmerzen eine Magenspiegelung machen sollte, rief mich Meseret an und bat mich, Hamid vom Arzt abzuholen, denn nach einer Narkose sollen die Patienten nicht alleine nach Hause gehen. Die Behandlungsräume befanden sich in einem »Kunstblock«, einem mondänen Neubau um einen ruhigen Innenhof; der Name »Kunstblock« wirkt allerdings etwas großspurig. Was ich nicht erwartet hatte: Der behandelnde Arzt, ein Deutscher, der nach der Herkunft von Hamid fragte, erzählte ihm, dass er in Kandahar in einer Klinik gearbeitet hatte.

Ich sollte Hamid also abholen, und weil sich der Zeitplan verschoben hatte, musste ich noch warten, und zwar in dem Raum, wo Hamid lag. Ich erschrak, denn ich musste mir vorstellen, dass Hamid genauso aussähe, wenn er tot vor mir liegen würde.

Wie durch einen Zauber erweckt, begannen sich dann nach und nach Glieder zu rühren, und der scheinbar leblose Körper war dann mit einem Schlag völlig verwandelt, als Hamid die Augen aufschlug.

Bei der Untersuchung war, bis auf einige Bakterien, die fast alle Menschen haben, nichts gefunden worden. Hamid bekam dann Antibiotika und eine Reihe anderer Tabletten verordnet, aber ich bin nicht sicher, ob das seine Magenprobleme beheben wird. Der Grund liegt wahrscheinlich nicht im Organischen, sondern in Appetitlosigkeit wegen Angst, Unruhe, Stress, in der Unregelmäßigkeit beim Essen, und vielleicht im Sparzwang, der angemessene Ernährung verhindert.

Ein paar Tage darauf hatte Hamid Grund, sich zu entspannen, was sich auf seine Magenprobleme positiv auswirken musste: Er hat das Zwischenzeugnis bekommen, mit Notendurchschnitt 2,0. In Deutsch erhielt er

Note 2. Ich hätte ihm eine viel schlechtere Note gegeben und fürchte, dass sein Fleiß nun abnimmt.

## *Fasching*

Der Fasching ging schon langsam zu Ende, ohne dass Hamid einen Faschingsball oder eine Party erlebt hätte, und er zeigte auch kein großes Verlangen danach, obwohl er behauptete, gerne zu tanzen. Am Faschingssonntag sollte zumindest am Vormittag sonniges Wetter sein, und ich hatte vor, etwas aufs Land zu fahren, und lud Hamid ein mitzukommen, der wiederum Ashkan einladen wollte. Als ich mich gerade aufmachte, rief mich eine Freundin an und sagte, ich solle gleich nach N. fahren, wo ein großes Ritterspektakel stattfand und das ganze Dorf an diesem lustigen Faschingstreiben teilnahm. Dann gab es noch in B. einen Faschingszug. Wir vereinbarten, uns in N. zu treffen.

Ich suchte schnell noch ein paar Masken und begab mich, wie vorgesehen, zu Hamid. Der teilte mir mit, dass zwar Ashkan nicht mitfahren würde, aber er wollte seinen Klassenkameraden Farid mitnehmen und ihn abholen. Das gefiel mir nicht, denn ich kannte ihn nicht, und ich wollte keinen Umweg mehr fahren, da wir ohnehin spät dran waren. Zufällig entdeckte ich dann am Weg das Schild der Straße, wo Farid sich aufhielt, und wir holten ihn, da es doch kein Umweg war, schnell noch ab.

Wegen der Schwierigkeiten, den Weg zu dem entlegenen Ort zu finden, kamen wir in N. an, als meine zwei Freundinnen schon fast auf dem Weg zum nächsten Ziel waren, dem Dorf mit dem Faschingszug. Das Treiben in N. mit Feuerschluckern und feinen Ritterfräulein zu betrachten, war amüsant und die afghanischen Besucher fotografierten fleißig, aber wir hatten schon bald alles gesehen und wollten uns nicht zu Essen und Trinken niederlassen. Auf dem Weg nach B., den ich nur mit Hilfe von Farid und seinem Handy fand, schneite es schon leicht, und das Geschehen in B. bereitete uns nur begrenztes Vergnügen, weil es immer mehr zu schneien begann und der Faschingszug sich immer langsamer fortbewegte und schließlich ganz stehen blieb. Wir hatten zwar von einem erhöhten Platz aus beste Aussicht auf eine spärlich bekleidete Tänzerin, die zu karibischen Rhythmen ihre Hüften schwenkte, und auf einen Wolf, der auf einem anderen Wagen arme Schafe erschreckte, aber auf weitere Vergnügen in B. verzichteten wir und erfuhren dann per Handy, dass meine Freundinnen wegen des Schneefalls schon früher umgekehrt waren.

Immerhin hatte ich an diesem Tag Farid kennengelernt, der zwar ein Landsmann von Hamid, aber von diesem sehr verschieden war. Er war kräftiger gebaut als Hamid und hatte volles, etwas längeres und leicht zerzaustes Haar. Ich erfuhr, dass er in der Schule nur Einser hatte, was kein Wunder war, denn er hatte schon ein abgeschlossenes Universitätsstudium in Informatik in Pakistan hinter sich und hatte dort in Datenverarbeitung unterrichtet. Sein Abschluss wird aber hier nicht anerkannt, und so wurde er in die Berufsschule eingewiesen. Jetzt hilft er manchmal der Lehrerin in EDV. Ich fragte ihn, ob er auch wie Hamid in einem Boot über das Meer gekommen sei. Nein, sagte er, er kam im Flugzeug. Sein Vater hat, wenn ich richtig verstanden habe, eine Agentur für Handel mit anderen Ländern, und deshalb konnte er seinem Sohn einen Flug besorgen. Hamid sagte mir später, als Farid schon ausgestiegen war, dass seine Familie reich sei und sein Bruder, der schon länger in Deutschland lebt, sich bereits eine Wohnung gekauft habe. Er hatte eine Anhörung und darf bleiben, sagte Hamid. Er ist nicht neidisch auf Farid. Im Gegenteil, er freut sich, ihn zum Freund zu haben, denn Farid ist sehr nett, hilft Hamid viel und ermahnt ihn immer wieder, fleißig zu sein. Er gehört einer ganz anderen sozialen Schicht an als Hamid, ist Paschtune, gebildet, spricht neben Paschtu Dari, Urdu, Englisch und wesentlich besser Deutsch als Hamid, und doch verstehen sich die beiden sehr gut. Ohne den Krieg in Afghanistan wären sie sich wohl nie nahegekommen; die Welt des anderen wäre ihnen fremd geblieben.

## *Verschwinden eines Schülers*

Farid besucht am Nachmittag zusätzlich einen Deutschkurs, der anspruchsvoller ist als die Deutschstunden in der Berufsschule. Als ich Hamid auf einen Ethik-Test vorbereiten wollte, erzählte er mir etwas, das ihn sehr beschäftigte. Er hatte von Farid gehört, dass dessen Banknachbar vier Tage lang ohne Entschuldigung im Deutschkurs gefehlt hatte. Die Mitschüler und Lehrer wollten wissen, was mit ihm los war. Schließlich, nachdem sie oft versucht hatten, ihn anzurufen und er am

Handy nicht erreichbar war, gelang es Farid doch, eine Verbindung mit ihm herzustellen. Farid fragte: »Wo bist du?« Die Antwort war: »In Kabul«. Farid verstand nicht: »Ohne Witz?« Nein, die Videobotschaft mit Kabul im Hintergrund bestätigte die Worte. Und die Geschichte war gar nicht witzig, die er nun erzählte. Nachts um drei Uhr rückte die Polizei mit vier Mann in seinem Quartier an. Sie sagten, er habe fünf Minuten Zeit, um alles zu packen. Dann wurde er in Handschellen abgeführt. Nach ein paar Tagen in Haft wurde er im Flugzeug nach Kabul gebracht.

Wie ich später erfuhr, hatte er einen Termin nicht eingehalten, vielleicht auch die Vorschrift nicht ernst genommen oder nichts Genaueres darüber gewusst. Innerhalb eines Monats muss man durch einen Anwalt gegen einen negativen Asylbescheid klagen, wenn man ihn nicht akzeptiert, und auf die Ämter gehen, um eine Aufenthaltsgestattung zu erhalten. Andernfalls befindet man sich illegal in Deutschland und kann abgeschoben werden.

## *Viele kleine Freuden*

Schule und Lernen sind nicht nur belastend. Ist der Stoff auch schwer, so freut sich Hamid doch über seine netten Lehrer, die er alle mag. Zu diesen ist jetzt noch ein Privatlehrer dazugekommen, der ihm einen Teil seiner Sorgen in dem Fach abnimmt, das ihm am schwersten fällt: Mathematik. Bei ihm handelt es sich um den Herrn, der ihm auf der Straße seine Hilfe angeboten hat. Er ist Ingenieur und daher bestens geeignet, um den Stoff des Mathematik- und Geometrieunterrichts zu erklären. Er, Marek, ist ein wichtiger Nothelfer geworden, der ihn auch bei anderen Problemen unterstützt und berät. Zum Beispiel muss Hamid, wie alle in seiner Klasse, demnächst ein Praktikum machen. Er hatte bereits Bewerbungen geschrieben, aber war besorgt, dass er vielleicht keinen Praktikumsplatz finden würde, weil die Antwort lange auf sich warten ließ. Marek hätte ihm einen vermitteln können; da erfuhr Hamid, dass er schon in einer städtischen Gärtnerei auf sein Schreiben hin angenommen worden war.

Hamid lacht gerne, und Anlass dazu geben ihm sogar besonders schwere Vokabeln. In dem Fach Berufsorientierung müssen die Schüler die Bezeichnungen der Werkzeuge lernen, die in den einzelnen Berufen eine Rolle spielen. Die drei Wörter, die er am schwersten findet, sind *Schraubenzieher*, *Hubschrauber* und *Staubsauger*. Er kann sie sich nicht merken und verwechselt sie immer. Wir lachen, als wir uns vorstellen, dass er im Staubsauger fliegen könnte.

Die Lehrer seiner Schule hatten sich in diesem Winter ein besonderes Vergnügen für die Schüler ausgedacht: Sie durften zum Schlittschuhlaufen gehen. Wie beim Skifahren hörte ich Hamids Ankündigung mit Skepsis, denn das Wetter war wärmer geworden und das Eis fast aller Seen hatte schon begonnen zu schmelzen und war nicht mehr sicher. Aber auf einem Schlosskanal waren noch ausgezeichnete Bedingungen. An einem sonnigen Freitag fielen also einige Unterrichtsstunden aus und stattdessen durften die Schüler ihre Künste auf den Schlittschuhen ausprobieren. Hamid fiel oft hin, aber er freute sich, seine neuen Winterschuhe tragen zu können, und wenn man vom Schlittschuhlaufen genug hatte, konnte man sich auf das Eisstockschießen verlegen.

Hamid hat es manchmal wirklich gut und meistens besser als viele andere Flüchtlinge.

Aber das ist für ihn kein Trost.

## *März / April 2018*

### *Nachtrag zu Iran*

Als Hamid die Zusage erhalten hatte, dass er als Praktikant in einem städtischen Gartenbaubetrieb arbeiten konnte, wollte er sofort den Weg zu seiner künftigen Arbeitsstelle zur Probe gehen oder fahren, damit er sicher hinfinden und die für die Strecke benötigte Zeit richtig einschätzen konnte. Er bat mich, ihn zu begleiten, was auch nötig war, da er keinen Stadtplan besitzt. Während wir den Weg, den er mit dem Rad fahren würde, zu Fuß gingen, war er bemüht, sich alles gut einzuprägen. Den Rückweg nahmen wir durch einen alten Friedhof, wo gerade die ersten Frühlingsblumen hervorkamen, sprachen über seine Schlaflosigkeit und waren uneinig darüber, wieviel Schlaf man braucht. Hamid sagte, wenn man schwer arbeitet, braucht man acht Stunden. Ich erfuhr dann etwas Neues. Es gab noch eine Arbeit von Hamid im Iran, von der ich nichts wusste. Er musste dort Steine schneiden, und zwar 14 Stunden am Tag. Ich sagte, er werde sicher Pausen gemacht und sich weniger angestrengt haben, wenn der Chef nicht da war. Nein, das ging nicht, antwortete Hamid, es war eine Arbeit am Fließband. Es blieb nicht viel Zeit übrig zum Kochen und Essen, denn er brauchte acht Stunden Schlaf. Warum Hamid aber 14, manchmal sogar 15 Stunden am Tag gearbeitet hatte, erfuhr ich später einmal. Wenn man sich auf das Doppelte der normalen Arbeitszeit einließ, erhielt man auch zwei Monatsgehälter, und diesem Angebot konnte Hamid nicht widerstehen. Er brauchte Geld für seine Eltern, seine Schwester, und vor allem für die Schlepper.

Als wir wieder einmal auf den Iran zu sprechen kamen, einige Zeit später, erzählte Hamid genauer, wie es zu seinem Einsatz in Syrien gekommen war. Als die Polizei ihn aufgegriffen und abgeführt hatte, musste er zwei Tage in einem Keller verbringen. Er wurde auf die Toilette begleitet und bekam gerade soviel zu essen, dass er nicht verhungerte. Dann sagte einer, er könne ihm helfen. Hilfe, das bedeutete: Aussicht auf einen Pass und auf ein ruhiges Leben im Iran. Die Gegenleistung, die gefordert wurde: Zwei Monate kämpfen in Syrien. Hamid dachte: In Afghanistan ist Krieg, die Taliban können mich töten. Wenn ich in Syrien nicht getötet werde, kann ich gut leben im Iran. So wurde also der Entschluss gefasst, sich auf das Angebot einzulassen – mit den schon erwähnten Folgen und ohne den versprochenen Lohn.

An dem Tag, als er mir das erzählt hatte, schrieb mir Hamid um 22 Uhr eine E-Mail: »Jetzt bin ich krank. Ich habe kein Lust von alles zum lernen zu leben. Mein Leben ist immer negativ Gefühle.«

## *Der verlorene Geldbeutel*

An einem Freitag Mitte März kam Hamid und sagte – wieder einmal – dass er sehr traurig sei. Diesmal erschrak ich wirklich, denn er hatte seinen Geldbeutel verloren, mit fast 90 Euro, der Monatskarte für den öffentlichen Personen-Nahverkehr und seinen Ausweisen, auch seiner Aufenthaltsgestattung. Er hatte ihn um 11 Uhr nachts an einem Platz im Zentrum liegen lassen, wo es freies WLAN gab und er sich ein Sprachprogramm auf sein Handy heruntergeladen hatte. Es war ein fantastisches Programm, das in endlos vielen Sprachen Hin- und Rückübersetzungen anbot; auch das Sprechen ganzer Sätze konnte man anklicken. Was aber den Geldbeutel betraf, konnte man jetzt nicht viel machen. Ich habe gesagt, er solle zum Fundbüro gehen, und ihm für die nächsten Tage einen kleinen Betrag geliehen. Sonst wusste ich keinen Rat.

Am Samstag sah ich Hamid wieder. Er kam und sagte: »Ich bin sehr glücklich.« Das Glück hatte er einem Obdachlosen zu verdanken, der auf der Straße geschlafen hatte. Dieser, ein alter Mann, hatte die Geldbörse gefunden. Er war schon am Freitag zum Heim von Hamid gekommen und hatte nach ihm gefragt. Da er ihn nicht antraf, ging er wieder. Am Samstagmorgen um sieben Uhr stand er wieder an der Pforte, und diesmal wurde er vom Sicherheitspersonal zu Hamids Zimmer im 2. Stock begleitet – das ist die Vorschrift für Besucher. Er wollte den gefundenen Geldbeutel persönlich abgeben. Hamid musste erst geweckt werden und begriff sein Glück gar nicht so schnell. Ich fragte, ob er dem Mann Finderlohn gegeben habe. Hamid nickte und streckte die fünf Finger einer Hand hoch. Das hieß also, dass er fünf Euro Finderlohn gegeben hatte und dass er aus eigenem Antrieb eine Anstandsregel, die nicht in meinem Katalog vorkam, befolgte.

Erst jetzt konnte er sich wirklich über das Sprachprogramm freuen, das er zwei Tage zuvor heruntergeladen hatte.

### *Unglück vor dem Neujahrsfest*

Am nächsten Tag ging es schon wieder bergab. Dieses Kapitel würde ich am liebsten übergehen, denn das Unglück nahm durch meine Schuld seinen Lauf. Ich will auch nicht alles ausführen, aber es ging wieder einmal um das Handy, an dem ich oft Anstoß nehme. Ich wollte Hamid verbieten, immer wieder die persische Bedeutung von Wörtern anzuklicken, und nahm ihm, als er sich nicht daran hielt, einfach das Handy ab, das auf dem Tisch lag, und steckte es ein. Nun will ich auf Einzelheiten verzichten, jedenfalls vergaß ich das Handy, das schließlich durch Kontakt mit Wasser völlig kaputt ging. Ich bemerkte bald, dass es gar nicht mehr zu gebrauchen war, und war zerknirscht. Hamid, der ja immer behauptet hatte, er könne ohne Handy nicht einen Tag überleben, tat, als ob nichts passiert wäre, und begann mich zu trösten. Es mache gar nichts, behauptete er, was natürlich nicht stimmte. Es war eine Katastrophe. Das Handy war sein Ein und Alles, seine Verbindung zur Welt, sein Lehrer, seine Erholung. Manchmal, nach einem ernsten Gespräch, hatte Hamid zu lächeln begonnen, wenn er auf sein Handy sah. Neben dem Verlust aller Programme und Kontaktadressen war es gravierend, dass er nicht per WhatsApp oder E-Mail erreichbar war und seinen Freunden und Verwandten nicht erklären konnte, warum sie vergeblich auf eine Nachricht von ihm warteten.

Ich behielt das Smartphone und fragte noch in einigen Läden nach, ob das Ding nicht doch noch zu retten war, aber niemand konnte mir Hoffnung machen.

Es war einige Tage vor dem Neujahrsfest in Afghanistan. Hamid sagte, dass er jedes Jahr vor Neujahr besonderes Unglück habe. Letztes Jahr hatte er in diesen Tagen das Handy in die Waschmaschine gesteckt.

Hamid hat ein paar Wochen ohne Handy überlebt und dann mit viel Mühe und einer finanziellen Unterstützung meinerseits ein neues Gerät erworben, gute Programme installiert und seine alten Kontakte wieder aufgenommen.

## *Begeisterung*

Zum vereinbarten Deutschunterricht kam Hamid einmal leicht verspätet, aber fröhlich an. Es hatte nachts geschneit, und das im März, und früh lag überall eine dünne Schneeschicht. Ich hatte gehofft, dass Hamid sich warm anzieht. Nein, er kam im dünnen Hemd und erzählte begeistert, dass er Fußball gespielt hatte, bei seinem Freund Ashkan. Es waren 5 Mann in jeder Mannschaft. Die anderen schossen 7 Tore, sie selbst in einer Halbzeit 6, dann noch 3 Tore.

Nach dem Unterricht erzählte mir Hamid, ebenfalls begeistert, von einer Exkursion, die seine Klasse mit dem Lehrer im Fach »Berufsorientierung« unternommen hatte. Das Ziel war eine Messe, und man konnte dort Einblick in viele moderne Berufsmöglichkeiten erhalten. Von dem meisten verstand ich wenig, und auch das, was Hamid am meisten beeindruckt hatte, konnte ich mir kaum vorstellen. Die Schüler sahen einen Betrieb, wo künstliche Körperteile hergestellt werden, auch Hände, mit denen man wirklich fühlen und greifen kann. Eine solche Hand, meinte Hamid, wäre ideal für seinen Vater, aber sie kostet etwa 70 000 €. Hamid rechnete sich aus, ob er irgendwann so viel Geld verdienen kann, um seinem Vater eine Hand schenken zu können. Es bleibt vermutlich ein Traum.

### *Noch ein See*

Zum Ostermontag gehört ein Emmausgang, habe ich gelernt. Also steht bei mir an diesem Tag immer ein Ausflug auf dem Programm. Heuer lud ich Hamid ein, der auch pünktlich, kurz vor 11 Uhr, bei mir erschien. Das Ausflugsziel war ein kiefernumrandeter See. Ich dachte, dass Hamid schon, wie ich, die Anfahrt durch kleinere sonnige Straßen genießen würde, aber der schaute nur auf sein Handy. Er habe gerade eine schlechte Nachricht empfangen, sagte er. Ein Freund war gestorben, der in Österreich lebte, vier Kinder hatte, das älteste war 12 Jahre. Er stammte aus demselben Dorf wie Hamid, aber er hatte wenig Kontakt zu ihm und konnte auch jetzt nichts Näheres erfahren. So hatte der schöne Tag gleich zu Anfang für Hamid etwas Bitteres.

Ich tadelte ihn nicht, als er später, bei einer Picknickpause am See, nicht auf die Bäume am Ufer, die schilfumrandete Bucht und die Insel im Hintergrund blickte, sondern sich mit dem Handy beschäftigte. Dabei beobachtete er aber aufmerksam, ob ich Hilfe benötigte. Er schraubte mir die Thermosflasche auf und nahm mir später, beim Rundgang um den See, den Rucksack ab. Er tat es gerne und erzählte mir von einer alleinstehenden Frau im Iran, die vier kleine Kinder hatte und viel einkaufen musste. Ein junger Mann aus ihrer Verwandtschaft hatte ihr versprochen, mit ihr einkaufen zu gehen, war aber nicht gekommen. Als Hamid davon hörte, ist er gleich für den anderen eingesprungen. Die Frau war dankbar und sagte, sie werde für ihn beten, dass es ihm im ganzen Leben gut gehe.

Von den übrigen Unterhaltungen während des Spaziergangs habe ich nur noch in Erinnerung, was er mir von einem Gespräch mit seinem Vater berichtete. Hamid hatte zu seinem Vater gesagt, er könne nicht mehr in Afghanistan leben. Er könne nicht mehr so weit laufen und so schwer tragen, wie man es dort tun müsse. Das Leben in Deutschland hat ihn schon verdorben.

## *Hamid als Gärtner*

In der zweiten Aprilhälfte fand das lange angekündigte Praktikum statt, wo Hamid in einem städtischen Gartenbaubetrieb arbeiten durfte. Verglichen mit dem, was Hamid schon in diesem Bereich im Iran gearbeitet hatte, erschienen mir seine Aufgaben hier recht anspruchslos. Immer wieder musste er im Gewächshaus pflanzen, gießen, Pflanzen von Ort zu Ort befördern, alles sauber machen. Ich hätte nicht erwartet, dass man aus diesen wenigen Tätigkeiten eine ansehnliche PowerPoint-Präsentation für die Schule zusammenstellen kann. Die Grundlage bildete ein Bericht, den Hamid nach dem Praktikum schreiben musste und der von mir korrigiert worden war, aber er fügte noch zu den einzelnen Schritten Fotos hinzu, die er teils selbst aufgenommen, teils aus dem Internet kopiert hatte. Hamid wurde ausgewählt, um seine Präsentation vor der Klasse vorzutragen, und als er schloss mit »Vielen Dank fürs Zuhören«, applaudierten alle. Sein Fazit, das den Abschluss der Präsentation bildete, war: »Es hat mir gut gefallen, aber der Chef hat mir gesagt: Du musst noch viel Deutsch lernen.«

Leider nutzt Hamid solche Gelegenheiten nicht, um mit den Leuten ins Gespräch zu kommen. Nur mit einem älteren Mann hat er ab und zu geredet; er wagte es natürlich nicht, die weiblichen Azubis anzusprechen. Weil er sie nicht anspricht, lernt er wenig Deutsch, und weil er wenig Deutsch kann, spricht er sie nicht an.

## *Mai / Juni 2018*

### *Bout du Monde*

Diesen Namen eines Lokals kann Hamid nicht aussprechen. Trotzdem hat er es geschafft, Marek dorthin einzuladen, den ich kennen lernen wollte.

Das Lokal heißt nicht wirklich so. Ich habe es, wie auch die Personen in dieser Chronik, umgetauft, aber die Schwierigkeit, die der Name für Hamid bietet, ist dieselbe geblieben. Sie liegt in dem Buchstaben *u*, in einem französischen Wort *ü* gesprochen, und diesen Laut hat Hamid trotz vieler Versuche nie artikulieren können. Das Lokal gefällt mir wegen der 50er-Jahre-Ausstattung, die Hamid natürlich nichts bedeutet. Außerdem kochen dort Flüchtlinge Gerichte aus ihren Heimatländern, unter anderem Afghanistan, für uns am Ende der Welt, Gerichte, die von uns wegen der Exotik geschätzt werden. Hamid hat das nicht beeindruckt; er hätte wohl lieber deutsches Essen kennen gelernt.

Ich war gekommen, um Marek zu treffen, den Herrn, der Hamid seine Unterstützung angeboten hatte, was sich als großer Glücksfall erwies. Marek ist Ingenieur und versteht nicht nur sehr viel von Hamids Problemfächern Mathematik und Geometrie, sondern erklärt auch besser als Hamids Lehrer. Ohne ihn wäre Hamid in diesen Fächern gescheitert. Auch in anderer Hinsicht, etwa bei Problemen mit dem Fahrrad, hat Hamid schon oft bei Marek Hilfe gesucht. Hamid hat mir erzählt, dass Marek ihm bei einem Ausflug die Funktion von Turbinen erklärt hat und ihn in ein Technikmuseum mitgenommen hat; daneben hat er mit ihm ein Kunstmuseum besucht. Nun konnte ich feststellen, dass er ein Freund von klassischer Musik ist, die man Hamid vermutlich nicht nahebringen kann. Was Hamid betrifft, so sprachen wir auch darüber, dass er mehr Disziplin benötige. Dabei hatten wir Mühe, Hamid das ihm unbekannte Wort *Disziplin* begreiflich zu machen.

Marek kümmert sich nicht nur um Hamid, sondern noch um seinen Bruder in Tschechien und um weitere afghanische Flüchtlinge. Er wird von keiner karitativen Organisation unterstützt, ist kein »Ehrenamtlicher« und tut alles völlig uneigennützig. Hoffentlich weiß Hamid das zu schätzen.

## *Majid*

Nach dem guten Essen und der erfreulichen Begegnung begleitete ich Hamid zur GU. Von dort aus konnte ich mit öffentlichen Verkehrsmitteln nach Hause fahren. Beim Näherkommen bemerkten wir, dass im Heim etwas passiert war. Ich wäre abgewiesen worden, wenn ich das Gebäude hätte betreten wollen. Auf der Treppe, die zum Eingang führte, saß ein junger Mann, dessen Gesicht man nicht erkennen konnte, denn sein Kopf hing tief gebeugt zwischen den Knien. Man sah, dass es ein schlanker junger Mann mit einer modischen Frisur war, dem es aber offensichtlich sehr schlecht ging. Ich hörte von den Umstehenden, dass er sich mit einem Messer verletzt hatte, wahrscheinlich ein Suizidversuch. Ich durfte mich natürlich nicht aufhalten und wollte kein

Gaffer sein. Im Weggehen hörte und sah ich dann noch das Notarztauto, das den jungen Mann ins Krankenhaus brachte.

Später erfuhr ich, dass der Verletzte Majid war, der Zimmerkollege von Hamid. Hamid hatte sich, seit er eingezogen war, oft über ihn beklagt. Ihn störte sein Schweißgeruch, wenn er abends von der Arbeit kam. Er war auch Afghane, sprach auch Dari, aber Hamid konnte sich, zumindest damals, mit ihm nicht anfreunden. Er war nicht gerade verständnisvoll gegenüber dem Kollegen, der wahrscheinlich eine anstrengende Arbeit hatte. Er beschwerte sich mehrmals bei der Verwaltung über ihn und verlangte, dass er einen anderen Zimmerkollegen bekommen solle, und am liebsten würde er natürlich allein wohnen. Dazu hat ihm der erwähnte Vorfall verholfen. Als Majid nach einigen Wochen aus dem Krankenhaus kam, wurde er in ein Einzelzimmer verlegt, und Hamid hatte vorläufig das Zimmer für sich.

Ich traf Majid am Eingang, wo ich mich immer anmelden musste; es war kurz nachdem er aus dem Krankenhaus entlassen worden war. Jemand sagte mir, dass er seinen Job verloren hatte, aber er machte einen unbeschwerten Eindruck. Ich fragte ihn, was er gearbeitet hatte. Er erzählte stolz, dass er in der Küche eines großen Restaurants am Stadtrand angestellt war, einem bayrischen Lokal, betonte er. Nicht Reis, sondern Kartoffeln und Spätzle habe er gekocht, und das sei ihm viel lieber als die afghanische Küche.

Seit Majid bei Hamid eingezogen war, hatte ich einmal ihr Zimmer betreten. Majid war bei der Arbeit, und seine Zimmerhälfte machte auf mich sogar einen besseren Eindruck als die von Hamid. Alles war ordentlich; ein schöner Teppich lag auf dem Boden, bunte Tücher bedeckten das Bett und bildeten hinter ihm eine Art Trennwand zwischen den Zimmerhälften. Von einem unangenehmen Geruch war nichts zu bemerken. Ich sagte Hamid, er hätte sich nicht über Majid beschweren sollen, konnte ihn aber nicht überzeugen. Er hat ihn auch nie im Krankenhaus besucht. Das verstand ich nicht. Ich verstand auch später nicht, dass sie auf einmal gute Freunde geworden waren.

## *Dawood*

Ich wundere mich nicht mehr, wenn ich Hamid zu einem Ausflug einlade und er dann im letzten Moment fragt, ob er einen Freund mitnehmen könne. Am Pfingstmontag war es Dawood, mit dem ich schon bei der Demo gegen Abschiebungen kurz gesprochen hatte.

Morgens war ich müde, hatte keine große Lust und war unvorbereitet. Einen See, den Hamid noch nicht kannte, hatte ich als Ziel gewählt. Ich erinnerte mich kaum an einen früheren Besuch dort und hatte die Landkarte nur oberflächlich betrachtet. Aber ich weiß, dass Afghanen geduldig sind und es sie nicht stört, wenn ich unterwegs öfters halten und nach dem Weg fragen muss. Mein Navi befand sich zwar im Auto, hätte uns aber ohne Angabe einer genauen Adresse gar nicht helfen können.

Wir fanden erstaunlich mühelos nach U. und zu einem kleinen Parkplatz am See. Von dort aus ging ein kurvenreicher Fußweg durch eine Hügellandschaft mit alten, schattenspendenden Bäumen. Als der Weg näher am See und flacher verlief, gab es eine Überraschung: eine große Zahl seltener Blumen, die nur einmal im Jahr in ihrer Blüte zu erleben sind, besonders Schwertlilien und Knabenkraut, und ab und zu Holundersträucher, von denen einige schon vorher am Wegrand zu sehen und zu riechen waren.

Junge Leute sind nicht immer Naturliebhaber, aber die beiden freuten sich wirklich über den sonnigen Tag und fotografierten einander in der schönen Umgebung. Beim Picknick sah man den See, der abschnittweise glitzerte, vor dem Hintergrund von Bergen. Hamid wagte es, so weit in den See zu waten, bis seine kurzen Hosen unten nass wurden. Am Heimweg wirkte er müde, während Dawood die Gelegenheit nutzte, um Deutsch zu lernen, indem er einen Bericht über den Ausflug zu formulieren versuchte und nach fehlenden Vokabeln fragte.

Dawood wohnt nicht in einem Heim, wie ich später erfuhr. Er ist mit der Mutter und zwei Schwestern hier. Den Vater haben sie auf der Flucht verloren; obwohl die Polizei mehrerer Länder eingeschaltet wurde, bleibt er verschollen.

Weil in Deutschland gerade an 1618 erinnert wird, erwähnte ich, dass es in Europa einen Krieg gab, im 17. Jahrhundert, der vor genau 400 Jahren begann und nach 30 Jahren zu Ende ging. Auch der Krieg in Afghanistan wird zu Ende gehen. Ja, sagte Dawood, aber bei uns dauert er schon 40 Jahre.

Dawood wird bald eine Ausbildung beginnen, bei der Bahn. Ich wundere mich, wie beherrscht, aufgeschlossen und vielseitig interessiert er ist. Man sieht ihm nichts von seinen Sorgen an.

## *Das Rad*

Hamid hat ein altes Rad mit kaputter Gangschaltung und neuerdings auch kaputter Bremse. Ich riet ihm, nicht gleich nach einem anderen gebrauchten Fahrrad zu suchen, sondern es mit der Reparatur zu versuchen. Dazu empfahl ich ihm eine Fahrradwerkstatt in meiner Nähe. Ich rief Hamid an, um ihm einen Termin vorzuschlagen, an dem ich ihn begleiten konnte. Er fiel mir, was sonst nicht seine Art ist, gleich ins Wort und sagte, dass er kein Rad mehr habe, weil es gestohlen worden sei. Es hatte im Hof des Heims gestanden. Ich fragte, ob er es abgeschlossen hatte. Nein, sagte er, aber er hatte nur für zehn Minuten in sein Zimmer gehen wollen. (Zehn Minuten ist bei den Flüchtlingen ein dehnbarer Begriff.) Ich hielt ihm vor, dass man ein Rad in der Großstadt nicht einmal zwei Minuten unabgeschlossen stehen lassen darf. Aber das half ihm jetzt nicht mehr. Um 11 Uhr abends suchte er noch einmal nach dem Rad und es blieb verschwunden. Nun konnte ich nichts mehr für ihn tun; er war selbst schuld und sollte sich selbst kümmern.

Am späten Vormittag des folgenden Tages klärte sich der Vorfall auf: Ein Heimbewohner hatte sich das Rad »ausgeliehen« und es am nächsten Tag wieder zurückgebracht.

## *Das brauchst du doch nicht!*

Hamid hatte endlich einmal gut geschlafen und führte es darauf zurück, dass er am Tag zuvor nach D. gefahren war – einfacher Weg 34 Kilometer –, um sich für drei Euro einen Wasserkocher zu kaufen. Das Radfahren hatte ihm gutgetan, und am nächsten Morgen wollte er gleich um 9 Uhr in der Werkstatt sein, um sein Rad endlich reparieren zu lassen. Ich fuhr voraus, um ihm den Weg zu zeigen. Da Hamid sich wieder einmal verspätet hatte, waren wir fast die letzten in der Schlange, die sich vor der Werkstatt jeden Morgen bildet. Ich sagte zum Chef, als wir an der Reihe waren: »Ich bin mitgekommen, weil er nicht gut Deutsch kann.« Darauf kam die Frage: »Wie reden Sie denn mit ihm?« Ich sagte: »Deutsch«. Das klingt lächerlich, aber ich verstehe sein Deutsch und er mein Deutsch ganz gut. Die Auskunft, die Hamid schließlich bekam, befriedigte ihn nicht. Die Bremsen wollte der Mechaniker reparieren, aber die Gangschaltung, sagte er, wäre zu aufwendig für sein Rad, das nicht viel wert war. Er brauche sie nicht, war sein Rat, das Rad sei schnell, und zum Langsamfahren reiche die Bremse. Hamid war frustriert. Kurz zuvor hatte meine Augenärztin zu mir gesagt, er brauche eigentlich keine Brille; jetzt heißt es, er braucht keine Gangschaltung.

Dazu kam, dass das Rad an dem Tag nicht mehr fertig wurde und er es wegen des Wochenendes erst zwei Tage später abholen konnte. Ich fragte, als ich es erfuhr, ob er nicht das Rad inzwischen haben könne. Antwort: »Er kann nicht fahren ohne Bremse.« Ich: »Er ist damit gestern nach D. gefahren.« Antwort: »Er ist ja auch im Schlauchboot gekommen.«

Ganz herzlos war der Mechaniker aber nicht. Beim Abholen, wo er sich immer einen passenden Preis ausdenkt, sagte er zu mir: »Neue Bremsbeläge. Sagen wir zehn Euro, für unseren Flüchtling.«

Hamid hatte trotzdem keinen fahrradfreien Sonntag verbracht, denn er konnte sich von einem Freund eines ausleihen. Und am Montag fuhr er mit dem Rezept der Augenärztin zu einem Brillengeschäft wegen der angeblich nicht benötigten, aber dennoch verordneten Brille. Ich zeigte ihm ein Geschäft, das als günstig gilt, erschrak dann aber über die Preise an den Brillen, die ich beim Eintreten bemerkte. Es war viel Betrieb, aber das Warten lohnte sich, weil uns dann ein junger Afghane bediente. Er war tadellos gekleidet, äußerst freundlich und sprach ausgezeichnet Deutsch, das er schon in Kabul gelernt hatte. Von ihm erfuhren wir, dass Hamid eine gute Brille auf die mitgebrachte Verordnung schon für € 7,50 pro Glas bekommen könne, mit kostenloser Fassung. Noch billiger war eine Sonnenbrille, die ich Hamid zusätzlich genehmigte. Und gratis gab es dazu noch ein längeres Kundengespräch auf Dari.

In der Schule stellte Hamid dann fest, dass er die Brille doch brauchte und mit ihr viel besser sah.

## *Die Kommode*

Es war kein übertriebenes Anspruchsdenken, dass Hamid glaubte, eine Kommode zu benötigen. Jeder Bewohner des Heims hatte zwar einen schmalen Schrank zur Verfügung, aber in den Zimmern sah es doch immer unaufgeräumt aus. Hamid bemühte sich zwar öfters, Ordnung zu schaffen, aber viele Dinge konnte er nicht anders als auf dem Fußboden unterbringen, vor allem die Lebensmittel. Der Tisch, auf dem meistens kein Platz mehr frei war, trug auch nicht zu einem ordentlichen Eindruck bei. Mit einer Kommode würde sich dieser Zustand ändern, dachte Hamid und suchte im Internet nach passenden gebrauchten Exemplaren. Ein Möbelstück nach seinen Wünschen fand er bald, und mir gefiel es auch auf dem Foto; es war einfach und formschön. Hamid fragte mich, ob ich es im Auto abholen könne. Ich sagte zu, obwohl der Ort ziemlich weit entfernt war, in dem sich das Stück befand. Wir maßen genau das Innere meines Autos aus und stellten fest, dass es problemlos hineinpassen müsste. An einem Abend kamen wir knapp vor Ende der vereinbarten Zeit, nach fast einer Stunde Autofahrt, bei den Verkäufern an und fanden den Schrank, der fast neu war, ganz unseren Wünschen entsprechend. Dann aber versuchten wir vergebens, ihn ins Auto zu laden. Es war unmöglich, weil wir zwar die Maße im Innern des Autos beachtet hatten, aber nicht die der Hecktür, durch die die Kommode nicht passte. Es blieb nichts anderes übrig, als alle Schrauben aufzudrehen – die Verkäufer hatten dazu ein elektrisches Gerät – und den Schrank in seine Einzelteile zu zerlegen. Alles musste schnell gehen, weil die Ex-Besitzerin zur Nachtschicht aufbrechen musste, und wir fuhren mit gemischten Gefühlen nach Hause. Ich sah voraus, dass es eine schwierige Aufgabe sein würde, die vielen Einzelteile wieder richtig zusammenzusetzen, aber nach etwa einer Woche hatte es Hamid geschafft. Ich vermute, dass in dieser Woche seine Hausaufgaben für die Schule etwas vernachlässigt wurden.

Ich mag mir nicht vorstellen, was wäre, wenn durch eine plötzlich angeordnete Abschiebung dies alles umsonst gewesen sein sollte.

## *Der Islam*

Dieses Kapitel ist eine kleine Exkursion. Ich will in ihm nicht festhalten, was ich mit Hamid erlebt habe oder über ihn von seiner Heimat erfuhr, sondern einige Dinge, die ich mir, angeregt durch die Begegnung mit ihm, selbst angeeignet habe. Ich bin noch kein Islam-Kenner geworden, aber ich habe einiges gelernt über das hinaus, was ich bei Navid Kermani und Annemarie Schimmel gelesen hatte. Anfang Juni habe ich an einer Islam-Tagung einer kirchlichen Organisation teilgenommen, zu der ehrenamtliche Flüchtlingshelfer eingeladen waren. Die Veranstaltung lieferte auch Argumente gegen islamfeindliche Vorurteile.

Judentum, Christentum und Islam haben einen Kern, der Achtung verlangt, und es ist bedauerlich, was eine Geschichte von Intoleranz, Verfolgungen und Kriegen und die Ignoranz von Gläubigen daraus gemacht haben. Hamid weiß vermutlich wenig über den Ursprung und die Grundlagen seines Glaubens, aber er lebt so, wie es eine Versöhnung der Religionen erfordern würde.

Eine Gemeinsamkeit der drei Religionen besteht schon darin, dass Jesus, der Jude, nicht nur von den Christen verehrt wird, sondern auch von den Muslimen, für die er der letzte Prophet vor Mohammed war. Die Geburtslegende von Jesus wird im Koran anders erzählt als in der Bibel: Er wird nicht in der Krippe im Stall geboren, sondern unter einer Dattelpalme. Besonders mit dem Kreuz haben die Muslime Schwierigkeiten. Nach dem Koran stirbt Jesus nicht wirklich, es sieht nur so aus, als ob er sterben würde. Gott hat ihn entrückt, denn er kann seinen Propheten nicht so schmachvoll sterben lassen.

Das Kopftuch wird heute vielfach als wichtig erachtet; im Koran steht aber nur, dass die Frauen ihren Ausschnitt bedecken sollten. Die Polygamie, die wir natürlich ablehnen, hatte ihre Berechtigung in Zeiten des Krieges, als großer Männermangel herrschte und man vermeiden wollte, dass Frauen allein leben müssen und unversorgt bleiben. Der Mann darf dabei, auch wenn er eine Lieblingsfrau hat, keine der anderen Frauen vernachlässigen. Hamid erklärte mir auch einmal, warum eine verheiratete Frau nicht allein das Haus verlassen darf: Man wollte dadurch sicher sein, wer der Vater eines Kindes ist. Diese Informationen können die Kritik an den uns störenden Traditionen vermindern.

Bei judenfeindlichen Anschlägen in Deutschland wird häufig vermutet, dass die Täter aus islamischen Kreisen kommen, weil man die Muslime für judenfeindlich hält. Ihre Religionen sind sich aber sehr nahe. In beiden spielt Abraham eine große Rolle. Abraham ist bereit, seinen Sohn zu töten, weil Gott ihm das befielt. Im letzten Moment erfährt Abraham, er solle einhalten. Für Juden ist die Lehre daraus: Gott ist treu, man kann auf seine Verheißung bauen. Für die Muslime ist Abraham das Vorbild, weil er mit seinem einzigen Sohn

Gott seine ganze Zukunft überlässt; er ist ergeben, ein Beispiel für völlige Hingabe, die im Zentrum der islamischen Religion steht.

Die größten Heiligtümer von Moslems und Juden haben auch eine bemerkenswerte Ähnlichkeit: In der Kaaba in Mekka befanden sich in vorislamischer Zeit Bildnisse mehrerer Götter, die angebetet wurden. Mohammed hat die Kaaba gereinigt; seitdem ist sie leer. Sie ist das Zentrum der Heiligen Moschee. Weil das Allerheiligste, die Gegenwart Gottes dort sei, müsse sie leer sein, sagte Mohammed. Das könnte er von den Juden übernommen haben, deren Gottesverehrung ähnlich ist. Der innerste, heiligste Bereich des Tempels in Jerusalem ist leer. Man hat Gott nicht in der Hand, er ist so groß, dass kein Bild ihn ausdrücken kann. Nach Mohammeds Tod haben Muslime zwar viele Gebiete unter ihre Kontrolle gebracht, aber Juden und Christen durften ihre Religion beibehalten. Von Juden- und Christenfeindlichkeit konnte man damals nicht generell sprechen.

Bei Urteilen über den heutigen Islam, der viel aggressiver zu sein scheint, muss man sich bewusst sein, dass es DEN Islam nicht gibt; er ist in viele, zum Teil unversöhnliche Strömungen aufgespalten.

Wie Franz von Assisi trotz der extrem islamfeindlichen Stimmung in Staat und Kirche während der Zeit der Kreuzzüge an seiner Verbundenheit mit dem Islam und seiner Freundschaft mit dem Sultan al-Malik al-Kamil festhielt, wollen sich auch jetzt viele Christen die Achtung vor Moslems und ihrer Religion nicht nehmen lassen.

## *Bruder versus Schwester*

Wenn Hamid einmal fast sorgenfrei zu sein scheint, zum Beispiel nach einem Erfolg in der Schule, gibt es doch wieder Probleme in seiner Verwandtschaft, die ihn bedrängen. Diesmal war es der Anruf einer Schwester, während wir Deutsch lernten, der ihn beunruhigte. Ich wollte wissen, warum er so lange geredet und so ernst geblickt hatte. Es war nicht die Schwester in Kabul, sondern die im Iran, die ihn angerufen hatte, und es war der Bruder im Iran, über den sich Hamid ärgerte. Dieser hatte der Familie seiner Schwester Geld geliehen, das sie ihm in Raten zurückzahlen sollte und das er plötzlich ganz zurückforderte. Die Schwester, die in Heimarbeit näht und deren Mann schlecht bezahlter Maurer ist, wusste nun nicht, wie sie mit ihren Kindern überleben sollte. Hamid war nicht gut auf den Bruder zu sprechen, von dem er vermutete, dass er beim Spielen Geld verloren hatte. Ich fragte Hamid, ob er nicht seinen Bruder anrufen könne. Nein, sagte er, sein Bruder rede nicht mit ihm.

Dann erzählte er, dass er sich an die Geburt dieses Bruders erinnern könne. Hamid muss damals etwa acht Jahre alt gewesen sein. Es ist in Afghanistan üblich, dass nach der Geburt eines Kindes alle Kinder der Nachbarschaft und der Verwandtschaft eingeladen werden, um das Ereignis mit Essen und Spielen zu feiern und das Neugeborene zu bestaunen. Auch Hamid bewunderte natürlich seinen kleinen Bruder.

Jetzt aber war er wütend auf ihn und überlegte, was er tun könne. Wieder einmal war die letzte Hoffnung Ashkan, mit dem Hamid dann die Lage besprach. Ashkan war bereit, den Bruder anzurufen, und, so viel ich weiß, wurde die Angelegenheit dann einigermaßen friedlich geregelt.

### *Glück*

Statt um 17 Uhr, wie geplant, kam Hamid an diesem Sonntag erst gegen 20 Uhr, und zwar, obwohl er seit einiger Zeit von starken Rückenschmerzen geplagt wurde, recht beschwingt und heiter. Seine Verspätung hatte er schon telefonisch angekündigt; er hatte überraschend Besuch bekommen. Seine gute Stimmung hatte aber kaum mit dem Besuch zu tun, denn es war ein Freund, mit dem er in Syrien zusammen war, und die Erinnerungen aus dieser Zeit, auf die sie wahrscheinlich zu sprechen kamen, waren sicher nicht angenehm. Die Freude von Hamid kam von einem Erlebnis, das eigentlich unbedeutend, für Hamid aber von großem Gewicht war. Er erzählte mir, dass er auf der Straße drei Mädchen bemerkt hatte, die wohl eine bestimmte Adresse suchten und auch mit Hilfe ihrer Handys sich nicht sicher waren, wohin sie gehen sollten. Dann sprach ihn eines der Mädchen an und fragte ihn nach dem Weg. Hamid tat nun das, was er sich schon lange gewünscht hatte: Ohne Angst und ohne Verlegenheit sprach er mit einem Mädchen! Er beschrieb in gutem Deutsch den Weg: »Das ist die Blumenstraße, dort ist die Müllerstraße« usw. … Sonst begab sich nichts, aber dieses kleine Ereignis hat Hamid glücklich gemacht.

Wir haben an diesem Abend wegen des späten Beginns die Deutsch-Hausaufgaben für den nächsten Tag nicht fertiggebracht, und ich habe Hamid getadelt, weil er am Wochenende immer erst so spät mit seiner Arbeit für die Schule beginnt. Aber all das hat seine Stimmung nicht erkennbar gedrückt.

## *Neilas Party*

Hamid sah ich selten, wenn ich in die GU kam, um mit Ifrah zu lernen. Aber nun erwartete ich, ihn zu treffen, denn es gab eine Party, zu der auch Hamid eingeladen war. Ifrah hatte mich so freundlich zur Geburtstagsparty ihrer Tochter eingeladen, dass ich nicht absagen konnte. Allerdings bemerkte ich ihr gegenüber, dass ich den Trubel um Geburtstage nicht verstehe. In meiner Jugend hat man Geburtstage dadurch gefeiert, dass es am nächsten Sonntag nachmittags Kuchen gab und man mit einigen Verwandten fröhlich am Kaffeetisch saß. Man kam gar nicht auf die Idee, dem Geburtstag so eine Beachtung zu schenken und so einen Aufwand zu treiben, wie es heute üblich ist. Für Neila sollte es aber so sein, obwohl das Geburtstagskind erst ein Jahr alt wurde! Die Küche im Erdgeschoss, fast ein Saal, war mit Girlanden und Luftballons geschmückt, Köstlichkeiten aus verschiedenen Ländern bedeckten den Tisch, und die Gäste, vor allem die Afrikanerinnen, führten ihre schönsten Roben aus. Wir deutschen Helfer passten nicht so ins Bild. Die Schönste war natürlich Neila, mit langem, reich verziertem Kleidchen. Ihre Stimmung war trotzdem nicht allzu gut; sie ließ sich zu keinem

Lächeln für die Fotos bewegen und wendete sogar den Kopf ab, wenn man sie knipsen wollte.

Weil Hamid nicht da war, ging ich zu seinem Zimmer und sagte ihm, dass der alte Mann ein sehr gutes afghanisches Gericht zubereitet hatte und er doch kommen solle, dann könne er sich das Kochen ersparen. Er nickte nicht ganz überzeugt und blieb weiterhin dem Fest fern.

Also haben wir beide ganz entgegengesetzt auf die Einladung reagiert: Ich habe in Worten eine leise Kritik angedeutet, bin aber trotzdem gekommen; Hamid zeigte nicht in Worten, sondern im Tun seine etwas ablehnende Einstellung.

Seinen eigenen Geburtstag feierte Hamid nicht. Als ich ihm mit ein paar selbstgepflückten Blumen gratulierte, sagte er, das sei ja gar nicht sein Geburtstag, und verbrachte den Tag weiterhin wie alle anderen. Er schien es aber nicht zu bedauern, dass man seinen wirklichen Geburtstag nicht kannte.

# Juli / August 2018

## Schulnachrichten

Vom Stoff, der in der Schule durchgenommen wurde, habe ich im zweiten Halbjahr nicht viel erfahren, nicht einmal von dem in Deutsch. Für Mathematik war eigentlich Marek zuständig, aber er muss abwesend oder krank gewesen sein, als Hamid mich wegen Mathematik anrief. Es war schon nach 19 Uhr, und am nächsten Tag wurde in der Schule ein Test in Mathematik geschrieben, auf den er sich mit meiner Hilfe vorbereiten wollte. Warum hatte er nicht früher daran gedacht? Vor Beginn unserer Arbeit blätterte ich ein bisschen im Matheheft und bemerkte Aufgaben, die nicht ganz einfach klangen, z. B.: »Zeichne ein Neuneck in einen Umkreis mit dem Radius 5 cm.« Diese Aufgabe hatte Hamid schon gelöst; seine Zeichnung sah sauber und exakt aus.

Aber nun ging es um einen anderen Stoff: proportionale und antiproportionale Zuordnungen. Diese Begriffe hatte ich schon einmal auf einem Arbeitsblatt bemerkt und für mich mit Hilfe des Internets geklärt. Nun waren Textaufgaben zu bearbeiten, die ziemlich anspruchsvoll formuliert waren, so dass ich mich fragte, ob Hamid den Inhalt denn verstand. Man musste ja zuerst die Zuordnung erkennen, und ich wunderte mich, dass er das tat. Er rechnete mit dem Dreisatz, wie er es in der Schule gelernt hatte, ich tat es auf meine Art, wie es mir logisch erschien, und wir kamen erfreulicherweise immer zum selben Ergebnis. Eigentlich haben wir gar nicht zusammen gearbeitet, sondern jeder für sich, aber meine Anwesenheit gab Hamid mehr Sicherheit und Vertrauen.

Viel haben wir nicht gerechnet, weil wir spät begonnen hatten und weil Hamid ausnahmsweise an den nächsten Tag dachte, an dem er früh aufstehen musste. Und doch: Es wurde ein Einser, den Hamid in diesem Test kassierte, gegen meine Erwartungen.

Im Zeugnis hat sich Hamid in Mathematik verbessert, dafür anderweitig etwas verschlechtert. In Deutsch blieb es bei der Zwei, was eine sehr milde Benotung war.

Das Angenehme am Schuljahrsende sind u. a. die Ausflüge, ein Vorgeschmack der Ferien. Die Klasse von Hamid machte eine Schifffahrt auf einem See und besuchte danach einen Biergarten. Hamid trank Bier oder was er dafür hielt, und zuvor wurde die Schifffahrt natürlich auf Fotos festgehalten. Ein Schüler dieser Ausländerklasse fühlte sich etwas gekränkt, als er sich auf dem Schiff neben einen Deutschen setzte und dieser dann aufstand und sich einen entfernteren Platz suchte. Obwohl man nicht weiß, warum der Mann weggegangen ist, hatte der Vorfall doch für den Schüler etwas Verletzendes.

## *Die Zahl 69 und der Protest*

Der deutsche Innenminister musste lachen, als er über den unwahrscheinlichen Zufall sprach, dass er 69 afghanische Asylbewerber abschieben ließ und dass dies genau an seinem 69. Geburtstag geschah. Ich war nicht so amüsiert, als ich das im Fernsehen sah, und so erging es wahrscheinlich vielen anderen, die dann zahlreich zu einer Demonstration am Königsplatz erschienen. Der Protest richtete sich nicht nur gegen die Praxis der Abschiebungen, sondern unter anderem gegen die Wortwahl einiger Politiker, deren Ton einer Hetze gegen Flüchtlinge gleichkam. »Ausgehetzt« war deshalb das Motto der Veranstaltung, bei der der ganze Königsplatz mit Menschen gefüllt war. Hamid war nicht gekommen. Er war am selben Platz am Vorabend und bis drei Uhr früh beschäftigt gewesen, um beim Auf- und Abbau der Bühne für ein Musikfestival zu helfen. Es war ein großes, vom Kreisjugendring alljährlich veranstaltetes Non-Profit-Festival, das durch freiwillige Helfer ermöglicht wird. Wenn Hamid trotz seiner Müdigkeit am Tag danach zur Demo gekommen wäre, hätte er sich gelangweilt, weil er die Ansprachen nicht verstanden hätte. Es hatte in Strömen geregnet, als die ersten Züge sich in Richtung Königsplatz in Bewegung setzten, und später nieselte es noch, aber das schien niemanden zu stören. Die Demonstranten, die zwischen repräsentativen Gebäuden standen oder herumliefen, wirkten sympathisch und hörten aufmerksam auf die Redner oder entspannt auf die dargebotene Live-Musik. Trotzdem hatte ich nach zwei Stunden genug, und zu diesem Zeitpunkt kam auch ein Trupp von Nachzüglern an, brüllende Jugendliche, die mir, neben einer aggressiv und schrill sprechenden Frau am Mikrophon, einen weiteren Grund lieferten, wegzugehen. Wenn man sich gegen die Hetze der anderen wendet, sollte man seine politischen Gegner nicht »Rassistenpack« nennen und sich hasserfüllter Anschuldigungen enthalten.

Nach diesem Tag wurde die Sprache einiger Politiker etwas sanfter, aber lange hielt meine Erleichterung darüber nicht an. Es wurde immer wieder versichert, dass man alle abgelehnten Asylbewerber abschieben werde, und dass auch keine Ausnahmen für dringend gebrauchte Fachkräfte, junge Leute mit Ausbildungsplatz oder mit schon abgeschlossener Ausbildung gemacht würden. Was sollte dann mit Hamid passieren, der noch nicht einmal eine Ausbildung begonnen hatte? Ich bin froh, dass er die Nachrichten nicht versteht, und hoffe, dass er das alles nicht erfährt.

## *Lernhindernisse*

An einem Sonntagmorgen kam Hamid fast genau zur vereinbarten Zeit zu mir und sagte, bevor wir mit der Arbeit begannen: »Ich möchte bei meinen Eltern sein.« Es ging ihm nicht gut, und ich fragte, ob er schlecht geschlafen habe. Nicht so schlecht, sagte er, aber er habe schlecht geträumt. Einiges von dem Traum, der ihn immer noch beschäftigte, teilte er mir dann mit. Er war im Traum einem Cousin begegnet, der Geld von ihm verlangte. Dieser Cousin hatte mit seinen Eltern im Iran gelebt und war von Anfang an ein Problemkind gewesen. Sein Vater wollte das unfolgsame Kind oft schlagen, aber die Mutter hinderte ihn daran und verteidigte den Knaben. So wurde er verwöhnt und gelangte nie zur Einsicht, dass er etwas Falsches tat. Dann war er lange Zeit verschwunden, und jemand erzählte, er sei in Afghanistan gesehen worden. Es blieb bei Gerüchten. Nun war Hamid verwirrt und fragte sich, warum er gerade jetzt von ihm geträumt hatte.

Nach dem Unterricht schlug ich vor, in eine Pinakothek zu gehen; dort war es schön kühl und er sollte ja unsere Kultur kennen lernen. Hamid ging ziemlich rasch an den Bildern vorbei und hörte sich meine Erläuterungen fast ungeduldig an. Er war müde. Ich bot ihm an, sich in meinem Arbeitszimmer niederzulegen, um etwas zu schlafen. Danach war er benommen und blieb lange reglos sitzen. Er hatte wieder schlecht geträumt. Ich fragte nicht nach dem Inhalt des Traums. Aber danach wollte er nicht, wie geplant, weiter lernen.

## *Events zum Ferienbeginn: Sommerfest und Bergtour*

In der GU gab es zu Ferienbeginn ein Sommerfest, auf das ich beinahe verzichtet hätte, denn ich hatte Besuch. Ich kam doch, wenn auch verspätet. Es war ein heißer Tag, aber im schattigen Hof des Heims, wo das Fest stattfand, war es kaum zu spüren. Es gab wieder ein großes Angebot an Speisen, aber die wurden weniger beachtet, weil die Musik alle Aufmerksamkeit auf sich zog. Es war faszinierende Musik, geboten hauptsächlich von einem sehr dunkelhäutigen und energiegeladenen Afrikaner, der mit Überschwang ein Schlagzeug bearbeitete. Seine Lust am Spiel übertrug sich auf einen Kreis von Gästen um ihn, die auch mittrommelten, und wenn er den Rhythmus wechselte, taten es ihm alle nach. Immer wieder versuchten neue Gäste mitzumachen, und viele, die nicht dabei waren, schauten und hörten glücklich zu. Hamid verließ das Fest etwas früher als ich, um mit Freunden zu Sportstätten zu fahren. Das hätte er nicht tun sollen, denn bevor sie noch dort ankamen und Sport treiben konnten, stieß sein Rad mit dem eines Freundes zusammen, und drei Speichen seines Vorderrads waren gebrochen.

Am nächsten Wochenende brauchte Hamid das Fahrrad nicht, denn da war ein Ausflug der Gruppe »Heimaten« geplant, wieder in die Berge. Ich war wieder sehr besorgt, denn eine Bergtour unter diesen Umständen konnte ich mir nicht als Erholung vorstellen: Erstens war extrem heißes Wetter angesagt, mit Temperaturen über 35 Grad, zweitens wollten sie diesmal nicht mit der Gondel hochfahren, sondern zu Fuß hochsteigen, und drittens mussten sie Verpflegung für zwei Tage zur Hütte hochschleppen. Ein bisschen erleichtert war ich, dass die Zugabfahrt von 15.30 Uhr auf 16.30 Uhr verschoben wurde; die größte Nachmittagshitze war dann vorbei. Der Aufstieg begann später als geplant, weil in letzter Minute noch Proviant eingekauft werden musste, und er zog sich viel länger hin, weil zwei Mädchen nicht fit genug für die Tour waren. Man musste immer wieder auf sie warten, und Hamid trug schließlich drei Rucksäcke, weil die Mädchen es nicht schafften, und so kam man erst um ein Uhr nachts bei der Hütte an. Hamid schlief herrlich, beide Nächte, und wie er sich dort oben fühlte, zeigt ein Foto, auf dem er beide Arme nach oben wirft, triumphierend.

Alle Sorgen waren wie weggeblasen. Meine Befürchtungen waren wieder unbegründet. Die Luft war kühl, wegen der Höhe, und den Aufstieg mit schwerem Gepäck hatte Hamid ohne weiteres geschafft. Er, der drei Rucksäcke getragen hatte, beklagte sich nicht, aber die

Mädchen, denen das Gepäck abgenommen wurde, sagten: »Nie wieder!«

Zu Hause war Hamid noch ganz erfüllt von dem Ausflug und schrieb einen Bericht darüber auf Deutsch – mit meiner Hilfe – und leitete ihn gleich an seine Lehrerin und an die Leiterin der Gruppe weiter.

## *Ein neues Zertifikat*

Ich hatte gewusst, dass Hamid im August eine Woche in einem Berufserlebniscamp sein würde, konnte mir aber nichts darunter vorstellen. Der Kurs wurde von einem Berufsbildungswerk veranstaltet und von der Sozialberatung der GU vermittelt.

Nach Beendigung der Veranstaltung kam Hamid, um mir Bericht zu erstatten. Ich bekam einige Fotos zu sehen, aber zuallererst zeigte mir Hamid eine Urkunde, auf die er sehr stolz war. Er hatte ein Zertifikat erhalten, das ihm Kompetenzen in den Berufsfeldern Holz, Farbe und Raum, Ernährung und Agrar bestätigte. Er nannte es Zeugnis, denn es enthielt im Abschlussbericht eine Beurteilung, wo er in einigen Bereichen die Höchstpunktzahl 5 erreichte: Motivation, Durchhaltevermögen und Umgangsformen. Fast so gut, mit 4 Punkten, wurden seine Sorgfalt, Genauigkeit und seine Kommunikations- und Teamfähigkeit bewertet. Was sonst noch in dem Zertifikat stand, wird Hamid kaum verstanden haben. Es steht darin zum Beispiel: »Darüber hinaus absolvierte er eine Potentialanalyse« und es heißt, dass er Erfahrungen darin machte, »das individuelle Repertoire an berufsrelevanten sozialen und personalen Kompetenzen zu erweitern« und »Problemlösestrategien in berufsrelevanten Situationen anzuwenden …« Diese Formulierungen wurden wahrscheinlich im Umgang mit den ausländischen Jugendlichen vermieden. Es ging sofort mit praktischen Tätigkeiten los, von denen Hamid mit Begeisterung erzählte. Gleich am ersten Tag, nach der Anreise, wurde der Kurs in Gruppen eingeteilt, und Hamid durfte mit zwei anderen eine Hütte aus Holz bauen, in der sie dann auch nachts schlafen sollten. Mit dem Fundament wurde begonnen, dann folgten Wände und Dach, und eine Tür und Fenster mussten auch eingebaut werden. In der Gärtnerei, an einem späteren Tag, war das Interessanteste, dass jeder einmal mit dem Traktor fahren durfte, und selbst am letzten Tag, vor der Abreise, wurde noch viel geboten. Hamid war bei einem Schneider eingeteilt, wo er ein Kissen und einen Bettbezug nähte und die selbstgefertigten Wäschestücke dann sogar mitnehmen durfte. Hamid konnte die ganze Woche gut schlafen, fern vom Straßenlärm und von den ihn noch übertönenden Notarztautos in seinen Nächten im Heim. Eine Sache hat ihn nur in dieser Woche belastet: Am Mittwoch hatte wieder ein Anschlag eines Selbstmordattentäters in Kabul stattgefunden, auf junge Leute, die gerade vor der Aufnahmeprüfung zur Universität standen; es gab mindestens 25 Todesopfer und viele Verletzte.

Auf den Bildern, die mir Hamid vom Berufscamp zeigte, waren überall lachende Gesichter zu sehen. Als er dann heimging, fragte ich ihn, warum er so ernst sei. »Ich bin in Gedanken in Kabul«, sagte er.

## *Das Fahrradwunder*

Hamid hatte das Bedürfnis, über diese Woche einen Bericht auf Deutsch zu schreiben, und als das mit meiner Hilfe geschafft war, hatte er noch eine große Bitte. Da er ja zurzeit kein Fahrrad und keine Monatskarte für öffentliche Verkehrsmittel hatte, wollte er zu einem Fahrradhändler in O. fahren, um vielleicht dort ein für ihn passendes gebrauchtes Fahrrad zu finden. Wir taten das an dem Tag, an dem die Meldung vom Tod von Kofi Annan in der Zeitung stand. Ich wunderte mich, dass er darüber informiert war und dass er dem große Bedeutung beimaß. Er sagte mir, dass Kofi Annan sich sehr für die afghanischen Flüchtlinge im Iran eingesetzt habe und dem Iran Geld für die Aufnahme der Flüchtlinge zukommen ließ.

Ohne Adresse oder Namen der Fahrradhandlung zu wissen, fanden wir erstaunlich schnell hin und konnten dort Hunderte gebrauchter Fahrräder begutachten. Hamid hatte sich schon sehr bald eines ausgesucht und eine Probefahrt zu voller Zufriedenheit durchgeführt. Wir entschlossen uns aber, das Rad nicht gleich zu kaufen, sondern es vorläufig nur zu reservieren, bis zum nächsten Tag. Noch vor unserer Abfahrt in O. erhielt Hamid einen Anruf von Ashkan. Bei ihm befand sich das alte Rad von Hamid. Ashkan riet uns zuerst davon ab, das reservierte Rad, das wir ihm beschrieben, zu kaufen; es erschien ihm zu teuer. Dann teilte er uns mit, dass er das Rad von Hamid repariert habe und es nun völlig in Ordnung sei. Er hatte nicht nur drei Speichen eingesetzt, sondern auch die Gangschaltung repariert. Den ganzen Tag hatte er dazu gebraucht und jetzt, kurz vor 19 Uhr, noch nicht einmal Mittag gegessen. Es war wie ein Wunder, dass das Rad, das wir schon aufgegeben hatten und das sich angeblich nicht zu reparieren lohnte, nun doch wieder funktionstüchtig war. Wir sind nun also nicht nach Hause, sondern zu Ashkan gefahren, wo Hamid glücklich das schöne blaue Rad in Empfang nahm und auf ihm dann heimfuhr zu seinem Quartier.

## *Das Opferfest*

Hamid musste an dem Abend noch seinen Rucksack bei mir abholen. Er zeigte mir dabei ein Bild auf seinem Handy, auf dem ein offensichtlich verletzter junger Mensch in einer Blutlache lag und ältere Männer um ihn herumstanden. Es war kein Foto von einem Anschlag in Afghanistan, sondern ein gemaltes Bild älteren Datums. Hamid sagte dazu: »Morgen ist bei uns ein großes Fest.« Ich erriet, dass es sich um das Opferfest handelte, und überlegte, was genau dabei gefeiert wurde. Hamid sagte, dass es um einen Mann gehe, der so sei wie Jesus und Mohammed; das Wort, das er suchte, war »Prophet«. Nun war mir klar, dass es sich um Abraham handelte und um das Opfer seines Sohnes Isaak, das er beinahe vollzogen hätte. Nach den heiligen Schriften der Juden, Christen und Moslems hat Gott ihn dann im letzten Augenblick davon abgehalten und ihm damit seine Verlässlichkeit erwiesen. Allen widrigen Erfahrungen zum Trotz konnte man ihm vertrauen. Im Islam ist dieser Tag der Höhepunkt der Pilgerreisen nach Mekka. Ich nahm an, dass Hamid an diesem Tag in die Moschee gehen würde, aber er war sich noch nicht sicher.

Am nächsten Tag fand ich im Internet die Meldung, dass in Kabul während der Rede des Präsidenten zu Beginn des Opferfestes Raketen einschlugen, die auch bei der Live-Übertragung zu hören waren. Einige der Geschosse sind in der Nähe des Präsidentenpalastes und einiger Botschaftsgebäude niedergegangen. Drei Stunden dauerten die Kämpfe zwischen Sicherheitskräften und Aufständischen.

Die meisten Anschläge, die zurzeit stattfinden, werden dem IS zugeschrieben, aber auch die Taliban sind weiter aktiv. Seit letzter Woche gibt es heftige Angriffe auf die Stadt Ghasni an einem wichtigen Verbindungsweg zwischen Kabul und dem Süden des Landes. Mindestens 130 Menschen starben schon bei den Kämpfen.

Und andere Menschen beten weiter, allen schrecklichen Erlebnissen zum Trotz.

## September / Oktober 2018

### Der Dachdecker

Dass er Dachdecker ist, spielt für dieses Kapitel überhaupt keine Rolle, aber die Überschrift erscheint mir passend, weil Hamid jedesmal, wenn er von seinem Cousin in U. spricht, gleich zu Anfang betont, dass er Dachdecker ist. Ich glaube, er bewundert ihn deshalb; er selbst ist nämlich nicht schwindelfrei. Dieser Cousin aus U. rief Hamid an einem Abend nach 21 Uhr an, um seinen Besuch anzukündigen; dabei saß er bereits im Zug und teilte Hamid mit, dass er ein Nachtquartier benötigte. Hamid hatte die Nacht zuvor wegen Magenschmerzen nicht schlafen können und hatte vermutlich vor, sich früher als sonst niederzulegen. Das tat er nicht, sondern er fuhr zum Bahnhof, um seinen Cousin abzuholen, und bat außerdem seinen Onkel in P., den Cousin zu beherbergen. Dem passte es genauso wenig wie Hamid, denn er war gerade erst müde von einer Reise zurückgekehrt. Offenbar verlangt aber das Gesetz der Gastfreundschaft von Afghanen, niemanden in einem solchen Fall abzuweisen. Der Zug aus U. sollte nach Angaben des Dachdeckers um 23 Uhr eintreffen und Hamid war pünktlich dort. Gegen halb zwölf rief er mich an, dass er seinen Freund nicht gefunden habe. Ich suchte daraufhin im Internet nach einem Zug aus U., um Hamid das Gleis mitteilen zu können, auf dem der Zug ankommen sollte, und fand heraus, dass überhaupt kein Zug aus U. um 23 Uhr eintrifft, sondern einer um halb elf und zwei gegen halb zwölf. Um Mitternacht schließlich fand Hamid seinen Verwandten, aber zu seiner Überraschung kam nicht einer an, sondern es waren drei Afghanen, die alle eine Unterkunft brauchten und mit der Freundlichkeit des Onkels rechneten. Die vier hatten sich noch viel zu sagen, als sie auf die S-Bahn warteten, und vor lauter Diskussionen stiegen sie dann in die falsche S-Bahn ein, was sie leider erst sehr spät bemerkten. Inzwischen rief auch der Onkel mehrfach an und fragte, wann sie denn kämen: Er war müde und wollte schlafen, aber er musste sich noch bis halb drei gedulden, bis seine Gäste erschienen. Wie er alle vier untergebracht hat, weiß ich nicht, aber ich habe erfahren, dass alle um sechs Uhr wieder aufstehen mussten, denn die drei waren gekommen, um am afghanischen Konsulat eine Tazkira, also einen Personalausweis, zu beantragen, den das BAMF verlangte. Hamid musste seinen Cousin begleiten, weil dieser zwar deutsch, aber nicht persisch schreiben konnte. Seine Muttersprache konnte er nur sprechen, denn er war in der Heimat nicht zur Schule gegangen. Hamid tat das Gewünschte ohne Verdruss. Was ich gar nicht begreifen konnte, war aber, dass er noch mit dem Cousin, dem er nichts übelnahm, nach U. fuhr, obwohl dieser am nächsten Tag arbeiten musste und Hamid an diesem kalten Regentag wohl einsam im Zimmer saß. Mir gestand er später, besonders schön sei es in U. nicht gewesen. Und nach seiner Rückkehr hatte er Fieber.

## *Das Heiraten*

Die jüngste Schwester von Hamid ist verheiratet und wohnt in Daikondi in der Nähe der Eltern. Für mich jedenfalls sind zehn Kilometer nah, aber Hamid machte mich darauf aufmerksam, dass es dort keine U-Bahn, keine Eisenbahn und keinen Bus gibt und der Weg zu Fuß lang und beschwerlich ist. Dieses Mädchen wurde so verheiratet, wie es in Afghanistan üblich ist, indem nämlich die Eltern mit Leuten Vereinbarungen treffen, von denen sie wissen, dass sie einen Sohn im heiratsfähigen Alter haben. Die Sache wird unter ihnen entschieden, und die Braut legt gegen die Pläne der Eltern keinen Widerspruch ein.

Hamid wusste das noch nicht, als er etwa 12 Jahre alt war, und so fragte er seine Eltern neugierig, wie sie sich kennen gelernt hätten. Die Antwort war klar: Sie hatten sich gar nicht kennen gelernt. Der Tag, an dem sie sich zum ersten Mal sahen, war ihr Hochzeitstag. Hamid versicherte seinen Eltern sogleich, als er das hörte, dass das für ihn nicht in Frage komme; er wolle seine Frau vor der Ehe kennen lernen und prüfen, ob sie auch zusammenpassen und einander gefallen.

So selbstbewusst war die jüngste Schwester von Hamid nicht. Und in ihrer Ehe lief nicht alles gut. In ihrem Fall war es so, dass die junge Frau immer von ihrer Schwiegermutter geärgert und getadelt wurde, dass diese ihrem Sohn Lügen über sie erzählte und dass der Sohn seine Frau dann manchmal schlug.

Nun hat aber Hamid noch eine Schwester in Kabul, die sehr intelligent und selbständig ist. Als sie von den Klagen der Jüngeren hörte, nahm sie sich eine Woche

Urlaub, fuhr nach Daikondi und kündigte an, dass sie den Mann und seine Mutter schlagen wolle. So weit kam es nicht, aber sie warnte die beiden und teilte ihnen mit, dass sie die Polizei einschalten wolle, wenn sie fortfahren würden, ihrer Schwester Leid zuzufügen.

Diese energische Schwester lässt sich bestimmt nicht auf die traditionelle Art von ihren Eltern verheiraten, und jene haben es auch gar nicht vor. Sie wissen, dass dieses Mädchen die Intelligenteste in der Familie ist, und sie denken nicht daran, über sie zu entscheiden, sondern lassen es zu, dass die Tochter die Eltern berät und oft entscheidet, was diese tun.

Wochen später habe ich Neuigkeiten über die jüngste Schwester erfahren, diesmal positive. Die junge Frau hat ein Baby bekommen, und sie wohnt nun mit ihrem Mann bei ihren Eltern, nicht mehr bei der bösen Schwiegermutter.

## *Eine glückliche und eine missglückte Heirat*

Die folgenden Geschichten erzählte mir Hamid an dem Tag, als er sehr traurig angekommen war, weil seine Schwester im Iran einen Unfall gehabt hatte. Sie war auf dem Motorrad hinter ihrem Mann gesessen, und beim Überholen eines sehr langsam fahrenden Busses war es passiert: Sie wurde gegen den Bus gedrückt und ihr Arm wurde schwer verletzt. Nun konnte sie nicht mehr nähen – es waren 100 Schuluniformen, die sie jeden Monat anfertigen musste, um ihrer Familie den

Lebensunterhalt zu sichern, und die Lage im Iran wurde wegen des amerikanischen Boykotts sowieso jeden Tag schlimmer.

Was Hamid mir später erzählte, hatte damit nichts zu tun. Es waren zwei sehr unterschiedliche Heiratsgeschichten. Die erste, die glückliche Liebesgeschichte, spielte zwischen Schweden und Afghanistan. Ein junger Mann, Hazara wie Hamid, der schon einige Jahre in Schweden gelebt und gearbeitet hatte, verliebte sich in ein Mädchen, das fünftausend Kilometer von ihm entfernt lebte und das er noch nie in Wirklichkeit gesehen hatte. Er hatte mit ihr telefoniert, nach Afghanistan. Das stelle ich mir immer noch als lediglich sprachlichen Kontakt vor, aber viele Afghanen wissen in dieser Hinsicht mehr als ich, denn es gibt Skype und andere Dienste, die einen auch visuellen Live-Kontakt ermöglichen, der einer persönlichen Anwesenheit nahekommt. Die gegenseitige Sympathie war so groß, dass der junge Mann Schweden verließ, sich in Afghanistan mit dem Mädchen traf und ihre Eltern aufsuchte, um ihre Einwilligung zur Heirat zu erlangen. Diese, die es als ihre Aufgabe ansahen, eine Ehe für ihre Tochter zu arrangieren, waren erstaunt, dass die jungen Leute schon so selbständig gehandelt hatten. Aber sie stimmten der Ehe zu, wobei es sicher eine Rolle spielte, dass der junge Mann viel Geld aus Schweden mitbrachte und das Mädchen in ihrer Verliebtheit mit allen Kräften um die Zustimmung der Eltern kämpfte. Die Ehe mit ungewöhnlicher Vorgeschichte wurde also im Einklang mit der afghanischen Tradition geschlossen.

Diese Tradition ist noch stark und kann jungen Menschen großes Leid zufügen. Hamid hat eine Cousine, die mit einem jungen Mann verlobt war. Dieser begab sich nach Australien und hatte versprochen, bald wiederzukehren. Es vergingen zwei, drei, vier, fünf Jahre, und dann wollte die Braut nicht länger warten. Ihre Gedanken wanderten in eine andere Richtung, und zwar hin zu – Hamid, der ihr als Ehepartner gefallen hätte. Dass er ihr Cousin war, gilt in Afghanistan nicht als Ehehindernis, falls eine ärztliche Untersuchung kein besonderes Risiko feststellt. Nun muss aber der Bräutigam in Afghanistan Geld haben, denn die Tradition verlangt, dass der Haushalt bei der Heirat bereits komplett ist und alle erforderlichen Gegenstände von Möbeln bis zu Tellern und Tassen vorhanden sind. Hamid mochte das Mädchen gern und war mit ihr einer Meinung, dass sie beide arbeiten und sich nach und nach alles anschaffen würden, was sie brauchten. Dem stimmte aber die Mutter des Mädchens nicht zu. Also versuchte Hamid einen anderen Weg zu gehen und sich das Geld zu leihen; seine Großeltern und andere Verwandte versprachen ihm Hilfe, und es schien sich alles zum Guten zu wenden. Dann kam aber das endgültige Aus für die Hochzeitspläne, denn die Mutter der Braut wollte für ihre Tochter einen Mann mit geliehenem Geld nicht akzeptieren. Hamid musste sich damit abfinden, und das Mädchen weinte sehr lange. Wenn Hamid anrief, weinte sie nur. So entschloss er sich, sein Handy abzuschalten und jeden Kontakt zu der Familie zu beenden. Sein Schmerz hat ihm den Entschluss erleichtert, als Kämpfer nach Syrien zu gehen. In der Vorbereitungszeit von einigen Wochen durften die jungen Männer ohnehin kein Handy benutzen. Die vielen Nachrichten, die während der zwei Monate in Syrien eingegangen waren, haben Hamid nicht interessiert.

## *Die Wüste Dascht-e Lut*

Das Magazin der Süddeutschen Zeitung vom 19. 10. war ein Reiseheft, das Wochen später zufällig noch in meinem Arbeitszimmer herumlag. Es fiel mir wegen des Titelbilds auf, das eine bizarre Fels- und Wüstenlandschaft zeigte, teilweise durch die geöffnete Tür eines Jeeps gesehen. Obwohl dies zweifellos das attraktivste Bild dieses Reiseheftes war, sprach der dazugehörige Text keine Reiseempfehlung aus. Menschen haben hier nichts verloren, oder, in den Worten des Autors, der zu dem Bild den Kommentar schrieb: »Die Wüste Dascht-e Lut im iranischen Grenzgebiet zu Afghanistan ist so unwirtlich, dass sie lange als undurchquerbar galt. Mit ihren Gesteinsformationen, endlosen Dünen und bizarren Felsen wirkt sie so unwirklich, als stamme sie aus einem Gemälde von Salvador Dalí. Sie ist besonders touristenfeindlich: Die Lut gilt mit von der NASA gemessenen siebzig Grad als heißester Ort der Welt. Füchse, Schlangen, Eidechsen haben sich an das Klima angepasst, aber was soll der Mensch hier?« Diese nur rhetorisch gemeinte Frage konnte ich bald schon beantworten. Weil hier Afghanistan erwähnt wurde, hob ich das Heft auf, zeigte Hamid das Titelbild und fragte ihn, ob er diese Gegend kenne. Zuerst verneinte er es, was ich erwartet hatte. Als ich ihm dann verriet, um welche Wüste es sich handelte, sagte er, wie selbstverständlich: »Da bin ich gewesen.« Hatte er vielleicht nicht richtig verstanden, oder ich? Nein. In unserer

Flüchtlingsdebatte wurde natürlich die Frage nicht aufgegriffen, auf welchem Wege Afghanen schwarz über die Grenze zum Iran kommen konnten. Eine günstige Möglichkeit, so sah es jedenfalls Hamid, war der Weg durch diese Wüste, weil wegen der unerträglich hohen Temperaturen Polizei dort nicht anzutreffen war. Man musste mit dem Schlepper in immens hohem Tempo die Wüste durchqueren, weil man es wegen ihrer Größe sonst nicht an einem Tag schaffte. »Da kann man nicht so langsam fahren wie du auf der Autobahn«, sagte Hamid respektlos zu mir. Trotzdem freute ich mich, dass sich immer wieder interessante Details von der Vergangenheit meines Schülers enthüllten.

Die Gedanken von Hamid waren vermutlich an diesem Tag nicht bei der Wüste Lut, sondern bei dem Vorfall, der ihn an diesem Tag, einem Sonntag, in die Moschee geführt hatte. Gleich beim Eintreten hatte er mir mitgeteilt, dass er zusammen mit vielen anderen Menschen in der Moschee gewesen war. Der Anlass war traurig: ein Anschlag in Afghanistan, bei dem Menschen getötet worden waren. Solche Meldungen gehören mittlerweile zum Alltag, aber diesmal war eines der Anschlagsopfer der Vater eines Freundes, mit dem Hamid in seiner früheren Unterkunft viel beisammen gewesen war und der außerdem aus demselben Dorf stammte wie Hamid. Das Geschehen ging ihm sehr nahe.

### *Danke, Lehrer!*

Hamid sagte, er wolle mir eine Geschichte erzählen. Ein afghanischer Freund hatte in deutscher Sprache auf Facebook geschrieben, der Krieg sei ein schmutziges Geschäft. Ein anderer Afghane antwortete dem Verfasser auf Persisch, das sei nicht ganz richtig: Er hatte einen sprachlichen Fehler entdeckt und bemängelte sein Deutsch. Hamid las auch den zweiten Eintrag und stellte fest, dass in dem persischen Text gleich zwei sprachliche Fehler waren. In einem Facebook-Kommentar schrieb er, dass alle beide Fehler gemacht haben. Er fand das sehr lustig, obwohl es doch darum ging, dass der Krieg ein schmutziges Geschäft ist.

Inzwischen begnügt sich Hamid nicht mehr damit, »Ausländerdeutsch« zu lernen. Wenn er sagt: »EIN Artikel reicht!«, dann ist es nur Spaß. Er ist eifrig bemüht, ein korrektes Deutsch zu erwerben, und fordert das auch von seinen Flüchtlingsgenossen. Sein Tischnachbar in der Berufsschule hat ihm vor kurzem eine Nachricht geschickt, die lautete: »Wenn du hast das Geld, ich bringe dir das Buch.« Hamid erzählte mir stolz, dass er die Fehler in der Satzstellung gleich bemerkt hatte, und wollte von mir noch seine Korrektur bestätigt wissen. Er kannte die Regel, dass das Verb im Nebensatz an letzter Stelle und im nachgestellten Hauptsatz an erster Stelle steht; es muss also heißen: »Wenn du das Geld hast, bringe ich dir das Buch«. Das schrieb er auch dem Klassenkameraden, und dieser antwortete: »Danke, Lehrer!«

## *Flüchtlinge zu Kunstwerken*

Zur Vernissage einer Kunstausstellung war ein Großteil der Heimbewohner der GU, in der Hamid lebte, erschienen. Sie waren der Gegenstand einer Fotoausstellung in einer weiträumigen, ehemals großbürgerlichen Villa, in der nun städtische Kultureinrichtungen untergebracht sind. Die in zwei Stockwerken in jeweils mehreren Räumen ausgestellten Bilder waren Porträts der Heimbewohner.

Dieses Kunstprojekt ist eher zufällig entstanden. Einer der Flüchtlinge brauchte ein Bewerbungsfoto und fragte eine Ehrenamtliche, die Fotografin ist, ob sie es für ihn anfertigen könnte. Sie brachte ihre ganze Fotoausrüstung mit zur GU, und es fanden sich weitere Bewohner, die um ein Bewerbungsfoto baten. Schließlich fand die Fotografin Gefallen an der Idee, auch die anderen Heimbewohner zu fotografieren, und es entstanden Porträts, die weit über den Anspruch von Bewerbungsfotos hinausgingen. Diese Bilder wurden nun in Poster-Größe in einer Kunstausstellung präsentiert, und die Vernissage, mit orientalischer Live-Musik, war ein erfreuliches Ereignis.

Mein Bild der Heimbewohner veränderte sich. Entfernt von der Alltagswirklichkeit kam ihr Wesen eher zum Vorschein. Der alte Mann aus Afghanistan, den ich immer mit Krankheit assoziiert hatte, hielt seine Kappe wie zum Gruß hoch und blickte dem Betrachter forschend und doch gutmütig ins Auge. Neila, die eineinhalbjährige Tochter von Ifrah, die quengelte und Unfug trieb, wenn sie zum Deutschunterricht mitgenommen wurde, stand nun in ihrem hübschen Kleidchen so treuherzig da, dass man sie liebgewinnen musste. Der frühere Zimmergenosse von Hamid, der so geschwächt und beeinträchtigt durch seine Krankheit ist, dass er keinen Kurs besuchen und oft nicht einmal einkaufen gehen kann, stand aufrecht in einem schönen farbigen Hemd da und blickte mit seinen leicht schräg liegenden Augen fast pfiffig und vergnügt. Ein besonders schönes Foto war das einer jungen Somalierin, zu dem jemand auf einem darunter angehefteten Zettel den Kommentar geschrieben hatte: »Wie eine Königin«. Eine junge Armenierin, die ich bisher nur als Mutter eines Jungen wahrgenommen hatte, der mich ein paarmal um Hilfe in Mathe oder Deutsch gebeten hatte, stand hochschwanger, fröhlich und in eleganter Bewegung vor der Kamera. Selbst die zwei Männer, die schlimme Verletzungen im Gesicht aufwiesen, verbargen die entstellenden Partien nicht und wirkten doch würdevoll und nobel. Obwohl ich auch die anderen Gesichter fast alle kannte, hatte ich noch nicht bemerkt, wie viele schöne Menschen in der Flüchtlingsunterkunft wohnten.

Manche hatten sehr feine Kleidung angelegt, die ich bei den Alltagsbegegnungen nicht sah. Ich wurde an ein Bild zu Beginn des Films »Le Havre« von Aki Kaurismäki erinnert: Als ein Container mit Flüchtlingen von der Polizei aufgebrochen wird, stehen sie alle unbeweglich da, in den schönsten Gewändern ihrer Heimatregionen. Natürlich war das weit von der Wirklichkeit eines Flüchtlingscontainers entfernt, aber Kaurismäki sagte, es gehe ihm um die Würde, die er durch diese Darstellung den Geflüchteten verleihen wolle.

In der Ausstellung, von der hier die Rede ist, kam noch etwas hinzu: die freudige Erwartung und das

Selbstvertrauen, mit dem diese Menschen in die Kamera blickten. Niemand konnte als Erniedrigter empfunden werden.

Nur bei Hamid war es so, dass das Foto im Vergleich zur Wirklichkeit verblasste. Es war ein gutes Foto, sicher, aber unbedeutend im Vergleich zu den tausend Bildern, die sich von ihm in meiner Erinnerung angesammelt hatten. Fotos von Hamid haben ihn nie so wiedergegeben, wie ich ihn sehe. »Du siehst auf allen Fotos ganz anders aus als in Wirklichkeit«, sagte ich einmal zu ihm. Das schien er nicht zu verstehen.

Mit Hamid musste ich die Ausstellung früh verlassen. Wir hatten uns schon zu lange aufgehalten, denn wir wollten noch lernen für den Test in Sozialkunde am nächsten Tag. Seine Vorbereitung blieb lückenhaft. Es gab eine Frage, zu der er gar nichts wusste: Er sollte über die Parteien Deutschlands Auskunft geben. »Ich weiß nicht einmal viel über die Parteien in Afghanistan«, meinte er.

## *Neues von der Schule*

Ich machte mir schon lange Sorgen wegen der Deutschkenntnisse von Hamid. In diesem Schuljahr und im Halbjahr zuvor hatten wir kaum etwas dafür getan. Ich wusste nicht einmal, was im Deutschunterricht gerade durchgenommen wurde. Nun hatte er sich offensichtlich besonnen und wollte das Fach ernster nehmen. Er kündigte einmal beim Eintreten bereits an, dass er neben anderen Fächern Deutsch lernen müsse, weil am nächsten Tag ein Test zu schreiben war. Dann verging aber die Zeit mit anderen Dingen so schnell, dass keine Zeit mehr zum Deutsch-Üben übrigblieb. Ich hatte ein unangenehmes Gefühl und erwartete nichts Gutes. Einen Tag später erfuhr ich schon das Ergebnis: Er hatte als einziger in der Klasse eine Eins geschrieben.

Schwerer als Deutsch war meistens Ethik. Eine Frage lautete jetzt, welche Idole er habe. Das Wort »Idol« zu erklären, fiel mir schwer, und die Beispiele, die im Internet angegeben wurden, sagten Hamid kaum etwas. Bei Elvis Presley und den Beatles fragte er: »Was ist das?« Als aber die Wortbedeutung von »Idol« einigermaßen geklärt war, wusste er sehr schnell eine Antwort, die wiederum mir nichts sagte: Dawood Sarkhosh. Es handelt sich um einen afghanischen Poeten, Sänger und Musiker, der in Malmö lebt und von Hamid bewundert wird. Er ist Hazara wie Hamid, ebenfalls aus Daikondi, und floh nach Europa, nachdem Terroristen seinen Bruder getötet hatten.

Die nächste Frage war schon schwieriger: Warum suchen Menschen nach Idolen? Hamid zuckte nur die Schultern, und auch ich war etwas ratlos.

Das schwerste Fach aber war für ihn Mathematik. Die Überschriften der neuesten Arbeitsblätter waren »Negative Zahlen« und »Rationale Zahlen«. Hamid behauptete, dass er nichts verstanden habe, aber allmählich konnte er damit ganz gut rechnen und sogar Textaufgaben lösen, die etwa lauteten: »Welche Zahl muss man von -15 subtrahieren, um 18 zu erhalten?« oder »Wieviel muss man zu -5 addieren, um -12 zu erhalten?« Was den Test betraf, war ich zuversichtlich, denn Hamid hatte am Abend alles richtig gemacht. Diesmal aber fiel das Ergebnis schlecht aus. Sein Nachdenken über mathematische Aufgaben wurde durch andere Gedanken gestört, durch Sorgen, von denen später die Rede sein wird.

### *Dreimal Unglück an einem Tag*

Der 4. Dezember war kein glücklicher Tag für Hamid. Das Unglück begann früh in der Schule. Es wurde ein Test in Ethik geschrieben, für den er viel gelernt hatte, auch am Tag zuvor mit mir. Er hatte anspruchsvolle Sätze als Antwort auf zu erwartende schwere Fragen vorbereitet. Als der Test begann, wurde den Schülern mitgeteilt, dass die Arbeitszeit, die ihnen zur Verfügung stand, zehn Minuten betrug. Hamid sagte, dass er nur Druckschrift schreibe und das langsam gehe; er könne es unmöglich in zehn Minuten schaffen. Tatsächlich wurde er nur mit einer Frage fertig, obwohl er auf alle drei Fragen gute Antworten gewusst hätte. Voll Wut sagte er dem Lehrer, er könne ihm Note 6 oder 7 geben, das sei ihm egal. Der Vorfall bedrückte ihn – es war das erste Mal, dass er sich mit einem Lehrer gestritten hatte.

Nach der Schule sollte Hamid Genaueres über ein geplantes Praktikum in einem Einzelhandelsbetrieb erfahren. Schon im Januar muss das Praktikum geleistet werden, für das die Schüler selbst geeignete Betriebe suchen, eine Bewerbung schreiben, eventuell ein Bewerbungsgespräch führen und die nötigen Formalitäten erledigen müssen. Hamid war rechtzeitig und mit großen Hoffnungen am Ort, musste aber erfahren, dass in diesem Betrieb kein Praktikant erwünscht war. Das war der zweite Schlag, der ihn an diesem Tag traf.

Das dritte Unglück war das schlimmste: ein Brief, der sein Herz heftiger schlagen ließ, den er schon lange mit Bangen erwartet hatte und dessen Ankunft er gerne hinausgezögert hätte. Es war ein Brief vom Anwalt, in dem ihm seine zweite Anhörung angekündigt wurde, bereits für den 10. Dezember. Schon die Formulierung der Streitsache las sich bedrohlich: Hamid M. gegen Bundesrepublik Deutschland. Hamid geriet in Panik, weil er zur Vorbereitung noch das Protokoll der ersten Anhörung lesen und verstehen sollte, außerdem überlegen musste, welche Papiere für die Verhandlung wichtig waren, und weil er schon monatelang keinen ärztlichen Befundbericht mehr erhalten hatte, auf den sich seine Verteidigung hauptsächlich stützen sollte.

Es war nun zuerst nötig, den Anwalt zu treffen, der zwar in dieser Woche keinen Termin frei hatte, aber nach dem zweiten Anruf bereit war, trotzdem mit Hamid zu sprechen. Der Anwalt sagte ihm, dass er einen aktuellen Arztbericht unbedingt brauche, und das stellte eine große Schwierigkeit dar. Schon am nächsten Tag war ein Termin beim Arzt nötig, und dann musste am selben Tag, einem Freitag, ein Bericht geschrieben werden. Mein erster Anruf in dem Ärztezentrum ergab, dass beides ausgeschlossen war. Bei einem weiteren Anruf wurde mir angedeutet, dass man versuchen könne, ihn am nächsten Tag als Notfall einzuschieben. Als Hamid schon im Wartezimmer war, erhielt der Arzt, der Hamid kannte und eigentlich keinen Termin frei hatte, einen Anruf vom Anwalt und erklärte sich dann bereit, Hamid vorzulassen. Mehr noch: Er schrieb am

Abend einen Bericht, der dem Anwalt gefaxt und von diesem an das Gericht weitergeleitet wurde.

Wir waren erleichtert; man durfte aber nicht davon ausgehen, dass das Gelingen einiger vorbereitender Aktivitäten als gutes Omen für die Verhandlung gelten kann.

## *Die Verhandlung*

Die Verhandlung war für 13.30 Uhr angesetzt. Am späten Vormittag des Verhandlungstages las ich eine E-Mail, die mir Hamid nachts um 4 Uhr geschrieben hatte, in der er mich fragte, was er tun könne, damit er schlafen kann. Auch ich konnte nicht einschlafen, und beim Herumsuchen auf dem Computer stieß ich auf einen Artikel der New York Times von Mitte November 2018, der im Internet zu lesen war. Er berichtete von einem Massaker der Taliban im Distrikt Jaghori, der bisher als der sicherste in Afghanistan galt. Selbst die von den USA geschulten 50 Elitesoldaten der Regierung konnten die Gegend nicht verteidigen, und die anwesenden Journalisten der New York Times ergriffen sogleich die Flucht. Jaghori ist eine ländliche Gegend in gebirgigem Gebiet, wie die Heimat von Hamid, ebenfalls von Hazara bewohnt, gegen die sich der besondere Hass der Taliban richtet. Es liegt nahe, auch Daikondi nicht mehr als sicher zu betrachten. Ich druckte den Artikel noch in der Nacht aus; er wurde dem Richter überreicht, aber ich glaube nicht, dass dieser die elf Seiten auch nur überflogen hat.

Ich kam abgehetzt eine Viertelstunde vor Verhandlungsbeginn, wie vereinbart, an, und Hamid kurz darauf, ganz außer Atem, denn er hatte den Weg zum Gericht zweimal zurücklegen müssen, weil er seinen Ausweis vergessen hatte.

Ich hatte noch nie einen Richter gesehen und stellte bei Beginn der Verhandlung fest, dass man in seinem Gesicht nichts lesen konnte. Es war ein großer, stattlicher, dunkelhaariger Mann mittleren Alters, der leise sprach und hauptsächlich auf seine Akten blickte. Ein einziges Mal, gegen Schluss, lachte er kurz. Es ging um eine Jahreszahl, die Hamid genannt hatte, als er nach der Dauer seines Aufenthalts im Iran gefragt wurde. Hamid wusste das Jahr seiner Ankunft allerdings nur nach der islamischen Zeitrechnung, und nun fragte der Richter vorsichtig den Anwalt, ob die Hidschra 622 war. Der Anwalt nickte. Diese Zahl muss man nämlich addieren, um auf unsere Jahreszahl zu kommen. »Da bräuchte man jetzt einen Taschenrechner«, sagte der Richter lachend, immer noch mit gedämpfter Stimme. Die beiden Herren schafften es auch ohne Taschenrechner, und es ging ernst weiter. Am Schluss, der unerwartet schnell kam, sagte der Richter, nur für den Anwalt, etwas von gewissen Paragraphen, Absatz soundso, die zur Anwendung kommen könnten. Erst nach Beendigung der Sitzung konnten wir vom Anwalt erfahren, welche Entscheidung zu erwarten war. Er meinte, wir könnten ziemlich sicher sein, dass Hamid jetzt nicht abgeschoben wird. Vor Weihnachten wird das schriftliche Urteil noch nicht vorliegen, aber der Anwalt hatte noch nachgefragt und erfahren, dass er in einigen Tagen den Richter anrufen und Auskunft über die Entscheidung erhalten könne.

Die meisten Papiere hatte ich nach der Verhandlung schnell eingesteckt, und am Abend kam Hamid zu mir, um die Unterlagen zu sortieren und zu entscheiden, welche Kopien ich behalten konnte. Ich gab ihm ein Papier in Din-A-4-Größe, ein Foto seines Vaters mit der abgehackten Hand, mit dem Hamid vor Gericht seine Aussage in der ersten Anhörung bestätigen wollte. Als er es in die Hand nahm, schaute er es lange an und sagte zu sich: »Mein Vater!« Dann drückte er es fest an seine Brust und sagte zu mir: »Das möchte ich einmal in Wirklichkeit tun.«

Natürlich bedeutete der Abschiebeschutz für Hamid, dass er nun noch länger seinen Vater nicht wiedersehen würde. Der gute Ausgang des Verfahrens, den er so sehr erhofft hatte, brachte keine völlige Erleichterung für Hamid.

Der Abschiebeschutz wurde mir am 13. 12. vom Anwalt mündlich bestätigt.

## Nachwort

Damit geht diese Chronik zu Ende, da die Drohung der Abschiebung nicht mehr besteht. Für welche Frist der Abschiebeschutz gewährt wird, ist allerdings nicht bekannt.

Anderen geht es schlechter als Hamid; ihr Asylantrag wird auch bei der zweiten Anhörung abgelehnt. Schon wenige Tage nach der guten Nachricht für Hamid kam eine schlechte für seinen besten Freund, Ashkan, der seine größte Stütze war. An ihn und alle anderen, die es schlimmer trifft als Hamid, möchte ich zum Schluss erinnern.

Vielleicht weiß Hamid nicht, dass er Grund hat, dankbar zu sein. Ich jedenfalls bin dankbar für die Einblicke in eine fremde Welt.

Diese Chronik ist wahrheitsgemäß verfasst. Ungenauigkeiten, die an sprachlichen Missverständnissen liegen, sind jedoch nicht ausgeschlossen.